本书受江苏省基础教育内涵建设重点推广和
培育项目经费资助

融合教育常熟模式

——县域“特教班”运行模式的构建与实施

主　编　陆振华　顾　泳
副主编　朱文宝　曹　深
编　委　陈文芳　孟春芳
　　　　朱林娥　张　熠

西南交通大学出版社
·成　都·

图书在版编目（CIP）数据

融合教育常熟模式：县域“特教班”运行模式的构建与实施 / 陆振华，顾泳主编. — 成都：西南交通大学出版社，2022.6
ISBN 978-7-5643-8686-3

Ⅰ. ①融… Ⅱ. ①陆… ②顾… Ⅲ. ①县 - 地方教育 - 特殊教育 - 研究 - 常熟 Ⅳ. ①G769.285.34

中国版本图书馆 CIP 数据核字（2022）第 083381 号

Ronghe Jiaoyu Changshu Moshi
——Xianyu “Tejiaoban” Yunxing Moshi de Goujian yu Shishi

融合教育常熟模式

——县域“特教班”运行模式的构建与实施

主编 陆振华 顾泳

责任编辑	赵玉婷
助理编辑	杨倩
封面设计	原谋书装
出版发行	西南交通大学出版社 （四川省成都市金牛区二环路北一段 111 号 西南交通大学创新大厦 21 楼）
发行部电话	028-87600564 028-87600533
邮政编码	610031
网址	http://www.xnjdcbs.com
印刷	成都蜀通印务有限责任公司
成品尺寸	170 mm × 230 mm
印张	13.75
字数	175 千
版次	2022 年 6 月第 1 版
印次	2022 年 6 月第 1 次
书号	ISBN 978-7-5643-8686-3
定价	45.00 元

图书如有印装质量问题 本社负责退换
版权所有 盗版必究 举报电话：028-8760056

每个孩子天生都渴望成长

——江苏省常熟市特殊教育实践的教育启示[①]

（代序）

江苏省常熟市特殊教育指导中心与常熟市特殊教育学校的“县域‘特教班’融合教育运行模式的构建与实施”荣获2018年基础教育国家级教学成果奖一等奖。“特教班”融合教育运行模式使得常熟市在提高区域内特殊儿童入学率、提升特殊教育教学质量、加强专业化特殊教育教师队伍建设、推进特殊教育教学研究与改革、建立健全特殊教育保障机制等方面取得了扎实有效的成绩。“特教班”融合教育模式的探索与实践，不仅让常熟市特殊教育取得了长足发展，也引起了国内特教界的强烈反响和高度赞扬，被特教同行誉为“常熟模式”。

本文重点要谈的不是成绩，而是成绩背后的专业行动和专业行动背后的行动主体——人，以及这些特殊教育实践行动带来的三个教育启示。

第一个教育启示：特殊孩子，首先也是人；特殊需求，首先也是人的需求。从这个常识出发，我们将重新理解人的存在。

特殊教育是面向有特殊需要的孩子所进行的教育。广义上讲，那些在智力、感官、情绪、身体、行为、言语或沟通能力上与普通孩子有明显差异的孩子，都是有特殊需要的孩子，其中也包括天才儿童。不过，目前中

① 本文首发于2019年第23期《人民教育》，有删改。

国的特殊教育学校所接收的特殊孩子，一般指的是狭义的特殊孩子，即身心发展上有缺陷的孩子。

每个特殊孩子的缺陷程度、缺陷特征各不相同，这意味着每个特殊孩子的需要是有差异的。只有正确认识特殊孩子真实的、具有广泛差异的需求，我们才有可能为他们提供合适的、“能满足其特殊需要”的教育。

1. 重新理解特殊孩子的自我体验

仅在语义层面理解特殊孩子的“缺陷”远远不够。对于特殊孩子来讲，“缺陷”就像普通孩子的眼睛、四肢，是嵌在身体里的，是长在身体里的，是与生命整体关联在一起的。对于特殊孩子来说，“缺陷”就是他们生命的一部分。

特殊孩子在成长过程中不可避免地会遭遇更多挫折、更多失败、更多嘲笑与羞辱、更多不解与排斥。遭遇这类事件之后，如果没有一个足够安全、足够专业的人或场所（首先是家庭，其次是学校和相关康复机构）去接纳、安置、缓解、疏通特殊孩子的负面情绪，这些经历和情绪就会累积在他们的身体里，最终变成我们经常听到的一些心理问题，如焦虑、恐惧、缺乏安全感、具有攻击性，等等。从这个意义上来讲，特殊孩子的“缺陷”，是与身体和心理、日常生活和人际应对联系在一起的生命整体的“缺陷”。换言之，当我们描述一个生命个体时，我们既要考虑身体的存在，也要考虑心理的存在；既要考虑他的日常生活，又要考虑他的人际应对。

2. 对特殊家庭的认知，有助于我们重新理解人与家庭的关系

常熟市特殊教育学校编印了多本特殊教育故事集，其中描述特殊孩子家庭最常见的两个词是“心痛”和“心碎”。对这种痛感的认知与体验，有助于我们深入理解个人与家庭的关系。

我从这些故事中获得了三个关于人与家庭关系的新理解。第一个新理

解是：个人是由家庭创造出来的。这是一个最基本的常识，但在问题出现之前，人们往往很难意识到它有多么重要。

第二个新理解是："缺陷"带来的困境，既附着在特殊孩子身上，也附着在整个家庭身上。对于特殊孩子及其家庭来说，接受"缺陷"是走出困境的第一步，也是最重要的一步。只有走出这一步，才有可能寻求到专业帮助，才有可能获得社会的帮助。

第三个新理解是：家庭的积极应对一定对特殊孩子的成长有利，家庭的消极应对一定对特殊孩子的成长有害。积极应对包括尽早发现问题，及时就诊，及时寻找专业帮助。"特殊教育更重视早期教育，因为儿童年龄越小，可塑性越大，也可以通过合适的训练和教育及早保护残疾儿童的残余视力和听力，开发儿童的智力和语言能力，如错过了最佳期，往往事倍功半。"[①]具体到听力障碍，如果听力损失在 41～70 dB（一级重听和二级重听），一般进行 2～3 年的听力语言训练后，就能到普通学校随班就读。听力障碍发现得越早，干预越及时，越有助于孩子的听觉和语言能力发展。[②]

第二个教育启示：特殊孩子是特殊教育的起点，人是一切教育的起点。从这个认识出发，我们将重新理解教育活动的起点。

人在学习一种具体的知识或技能时，需要以一种更基础的知识或技能作为起点。而在特殊教育中，我们需要对"教育的起点"做进一步的思考，因为对于特殊孩子来讲，他们的"经验"与"缺陷"密切相关，"缺陷"限制了他们的经验改造或改组，"缺陷"也是他们经验的一部分。

1. 特殊孩子的能力底线就是特殊教育的起点

针对视觉障碍的孩子，我们要努力创造一种不需要通过看，借助听觉

---

① 陆振华：《随班就读管理与特教班建设》，南京：南京大学出版社，2014 年，第 4 页。

② 同上书，第 16 页。

与触觉等就能够捕捉到足够信息的教育环境。针对听力障碍的孩子，我们要努力创造一种不需要通过听，借助视觉、触觉、震动觉就能够捕捉到足够信息的教育环境。针对智力障碍的孩子，我们要努力创造一种能够理解、包容他们在感知、记忆、语言、思维等能力发展等方面存在迟钝与缓慢等问题的教育环境。针对有行为问题的孩子，我们要努力创造一种能够接纳、疏解他们，能够帮助他们进行行为矫正，同时又能让他们以及其他孩子免受伤害的教育环境。

2. 特殊孩子的特殊心理需求也是特殊教育的起点

特殊孩子在生活中会遭遇比普通孩子更多的困难，因此他们经常会有一种不安全感，他们需要得到更多的关心、爱护与帮助。不同类型的特殊孩子，又会表现出不同类型的心理需求。例如，视障孩子对“瞎”会更为敏感，如果其他孩子用“瞎”组词捉弄他们、嘲笑他们，就会给视障孩子心灵带来刺伤。有些听力障碍的孩子会显得特别执拗，所以，跟他们沟通时特别需要耐心。

特殊孩子的这些特殊心理需求，也是特殊教育的起点。在努力创造条件满足特殊孩子心理需求的同时，常熟市特殊教育学校开发了几种融合课程，以满足特殊孩子的个性化发展需求(自我实现需求)。具体实践方式为：对于走班制和半日制特教班学生，选用与普通学生一样的“共性”课程。针对有特殊需要的学生，制订相关课程调整方案，形成精准服务特殊学生的“特需”课程。在教材使用上，通过统编教材选择使用、外地教材合理引用、其他教材适当补充的形式，合理编制个别化教育计划，实现特教班集体课程和个别化课程的融合。通过组织特殊孩子分组融入普通班的活动课程、开设与普通班级学生的协作课程、参与普通学生兴趣小组课程、参与学校主题活动等多种课程形式，实现特教班小集体和学校大集体之间的融合。

常熟市特殊教育指导中心还根据常熟地域特征、社会环境、经济文化发展的特点，以及特殊孩子实际生活需要，编写了多部适合特殊孩子个性发展的生本教材，用以教学。这种“社会+生活”的生本课程可以帮助特殊孩子熟悉地方特色、乡土知识、生活常识，以便更好地适应生活、融入社会。

第三个教育启示：特殊教育的宗旨，是让特殊孩子在接受完特殊教育后，能够尽可能地融入现实社会，实现其能够实现的价值。从这个认识出发，我们将重新理解教育的目的。

说到特殊孩子的潜能，人们往往想到的是“天才指挥家”舟舟（唐氏综合征患者），电影《美丽心灵》主人公原型、诺贝尔经济学奖获得者约翰·纳什（精神分裂症患者），或电影《雨人》中的“雨人”（认知障碍患者）。作为教育工作者，我们必须对此有更清醒的认识，具有天才能力的（特殊）孩子少之又少，把（特殊）孩子培养成天才，并不是教育的核心目标。对于特殊孩子而言，发展应对日常生活的能力更为重要。

1. 特殊孩子每一次对缺陷限制的超越，都意味着一次潜能的发展

通过开发视障孩子的听觉和触觉，可以帮助他们超越视觉障碍，让视障孩子也能够了解事物的空间位置与距离，能够“阅读”，能够理解并运用语言文字与他人进行无障碍交流。通过开发听障孩子的视觉、触觉、震动觉，可以帮助他们超越听力障碍，让听障孩子也能够“听”得到，看得懂，能够理解并运用各种表达方式与他人进行无障碍沟通。通过降低学习难度、放慢教学节奏，辅之以科学的智力训练、感知-肌能训练，有助于提升智力障碍孩子的语言、记忆、数学运算、思维理解等能力，从而帮助他们提高生活自理能力，并为进一步的社会生活做好能力铺垫。

基于对特殊孩子身心能力及其差异性的专业认知，常熟市特殊教育学

校制定了科学的教学质量评价标准，在县域层面整体提升了特殊教育教学质量。学前阶段的特殊幼儿在医教结合教学环境中得到了肢体、言语、情绪、交往、行为、心理等方面的综合康复，涌现出的康复小明星熠熠生辉。有的孩子在言语康复后转入普通小学随班就读，成绩优异。义务教育阶段特殊儿童积极参加各级各类比赛，累计获奖近千人次。高中阶段特殊学生进行生涯规划，毕业学生有的升入高等学府，有的自主创业，有的自立于社会。

2. 渴望参与到社会中去，是每个（特殊）孩子的天性

所有人类的孩子从出生的那一刻起，就开始不断主动参与到社会中去，从而建构出了一个具有能动性的自我，生命也因此获得成长。在这一点上，特殊孩子与普通孩子是没有区别的。

常熟市特殊教育学校为特殊孩子开设了社区实践活动课程，让孩子们到马路上去认识斑马线、红绿灯以及各种交通标志，学习如何乘坐公共汽车，到超市体验如何购物，到饭店体验如何点餐、用餐，到工厂车间参观工人的常规工作与生活……孩子在参与具体生活的过程中，既体验到踏入陌生世界的新奇感，又真切地理解知识的有用性；既体验到踏入陌生世界的兴奋感，又体验到运用知识的乐趣与成就感。在参与具体生活的过程中，孩子们的社会实践能力和身心能力都能得到更有效的发展。

正是基于对“每个孩子天生都渴望成长”的认识，常熟市特殊教育学校探索出了一套切实有效的“聋弱一体化教学模式”：把一部分轻度智力障碍的孩子与听力障碍的孩子放在一个班里进行教学。实践证明，“聋弱一体化教学”对聋弱双方都能够起到补偿、促进的效果：在“一体化”班级里，智力障碍的孩子会意识到自己“能说会道”，从而获得一种学习的自信心，教师也会有意识地多给智力障碍的孩子展示自我的机会。与此同时，听力

障碍的孩子虽然有听力、语言表达上的缺陷，但理解力更强一些，他们可以帮助教师给智力障碍的孩子讲解新知识。

3. 潜能发展的最终目的，是为了让特殊孩子更好地融合到这个社会中去

为了实现特殊孩子与社会的深度融合，常熟市主要做了三项重要工作。

一是通过“特教班”推动区域特殊孩子入学率的提升（实现了义务教育阶段特殊儿童100%的入学率），并在江苏省率先实现了涵盖学前教育、九年义务教育、职业高中教育的15年特殊教育。

二是通过多样化的专业培训，建立了一支数量充足、结构合理、素质优良、富有爱心的特殊教育教师队伍，良好的师资从根本上保障了融合教育教学实践与理论研究的质量，为特殊孩子的潜能发展提供了无限可能。

三是创造了一种“全情接纳”的氛围，常熟市教育局、残联、民政、卫生等部门通力协作，市慈善总会、市红十字会等也纷纷伸出援助之手，为融合教育提供支持保障。社会各界对特殊孩子的态度由排斥到关爱，由被动到主动，全情接纳正在成为每个人的共识。

结束本文之前，我再一次想起《萨拉曼卡宣言》中的一个对人类未来饱含期许的句子：“以全纳性为导向的普通学校是反对歧视态度，创造受人欢迎的社区，建立全纳性社会以及实现全民教育的最有效途径。”在我看来，江苏省常熟市的“特教班”融合教育运行模式，就是“建立全纳社会”的一种可能路径。

陈文芳

目 录

CONTENTS

第三章

动态测评，多元安置，“学有所教”得以实现

第四章

培训师资，改革教学，“学有优教”初见成效

第一章

置身于世界和中国之中的常熟特殊教育

从1975年创建聋哑学校以来，常熟的特殊教育已历经46年的发展。在这46年中，常熟市始终紧跟世界特殊教育的发展趋势，积极响应国家特殊教育体系建设的相关规划，切实结合本土实际情况，逐渐探索出了一种行之有效的县域融合教育运行模式。

从个体发展的角度来看，该模式为残疾儿童提供了更多元、更专业、更符合其需求的教育服务，为残疾儿童将来融入社会打下了更坚实的基础。从教育发展的角度来看，该模式有效提升了常熟融合教育的教学质量，并让常熟市义务教育阶段残疾儿童入学率在2017年就达到了100%。从社会发展的角度来看，融合教育不断向前推进这一行动本身就是社会进步的体现，而该模式带来的显著成效，不仅在常熟当地引发了积极的社会反响，而且在特教界人士口耳相传与媒体宣传的相互助力之下，其影响力正在向全国扩展。由于这一融合教育运行模式是在常熟几代特教工作者的辛勤耕耘与持续探索中生长出来的，因此，国内特教界把它简称为"常熟模式"。

简单而言，常熟特殊教育经历了从单一的聋人这一教育对象到多元的特殊教育对象，从隔离式的特殊教育学校到融合式的普通学校与特殊教育学校相结合的变迁过程，并形成了一种以特殊教育指导中心为"枢纽"，以特殊教育学校为龙头，众多特教班和随班就读同步运行的新型融合教育运行模式。今天的常熟特殊教育不仅关注九年制义务教育阶段的残疾儿童，也强调特殊（融合）教育向学前与高中两个阶段延伸。可以说，常熟特殊教育是融合教育理念的成功实践，也是中国特殊教育体系不断健全的成果体现。

从宏观的视角来看，常熟特殊教育是置身于世界和中国特殊教育之中的，一方面，它是在中国的土壤中孕育和发展起来的；另一方面，它也在源源不断地吸收来自世界各地的养分——世界各地有益的特殊（融合）教育思想和特殊（融合）教育实践形式。因此，本章首先将分别介绍世界和中国的特殊教育发展简史，其次再重点介绍常熟特殊教育的历史与发展。

一、世界特殊教育发展简史

特殊教育是教育的一个组成部分。它是一种“使用一般的或经过特别设计的课程、教材、教法和教学组织形式及教学设备，对有特殊需要的儿童进行的旨在达到一般和特殊培养目标的教育”[①]。特殊教育所面向的“有特殊需要的儿童”有广义和狭义之分，一般来说，广义的有特殊需要的儿童包括天才（超常）、品德不良（青少年犯罪）、智力障碍、视力障碍、听力障碍、肢体障碍、言语障碍、精神障碍、多重障碍、学习障碍等儿童。而狭义的有特殊需要的儿童则是指残疾儿童少年。本书中的有特殊需要的儿童指的是在视力、听力、言语能力、智力等方面有障碍的残疾儿童，特殊教育是指面向残疾学生的教育。

从定义来看，特殊教育对残疾儿童不仅具有进行缺陷补偿、潜能开发的功能，同时还具有进行干预的功能，即尽早发现残疾儿童，通过特殊教育的及早介入，来防止或者预防残疾儿童的障碍的进一步加重，及时进行康复训练、展开个性化的特殊教学，以达到最佳效果，帮助残疾儿童成长。

特殊教育的发展与人类文明密切相关。美国特殊教育研究专家柯克（Samuel A. Kirk）和加拉赫（James J. Gallagher）把历史上人们对待残疾人的态度划分成四个阶段：公元前的歧视或虐待，基督教布道时的保护和同情，18 世纪和 19 世纪开始的收容和与社会隔离训练，20 世纪开始的融合改革运动。[②]在人类的认知水平还无法正确解释残疾产生原因的时代，残疾

① 朴永馨主编：《特殊教育辞典》，北京：华夏出版社，2006 年，第 42 页。
② 柯克、加拉赫：《特殊儿童的心理与教育》，汤盛钦、张春铭，等，编译，天津：天津教育出版社，1989 年，第 3-4 页。

人通常被视为"恶魔缠身""受到上帝惩罚"的对象，进而遭到遗弃甚至杀戮。此时的残疾人连做人的权利都没有，更妄谈受教育的权利。

直到人类历史进入到16世纪，瑞士人巴拉塞尔士（Paracelsus）通过对痴呆症患者进行研究，发现痴呆其实是一种疾病的结果而非"魔鬼附体"，这一研究结论为科学认识和对待智力落后儿童奠定了基础。[①]18世纪末，"现代精神医学之父"、法国医生菲利普·皮内尔（Philippe Pinel）则明确指出白痴、精神病、智力落后之间的不同。[②]随着医学、病理学的发展，人类对人体的认识越来越深入，加上18世纪涌现出的一大批启蒙思想家所倡导的自由、平等、博爱精神的影响，人们开始更广泛地重新认识残疾现象和残疾人，一些手工作坊也开始接纳残疾人学徒。这个阶段，残疾人才开始被当成"人"来看待。

（一）世界特殊教育的第一发展阶段：特殊教育学校的创办

一般认为，现代特殊教育起源于欧洲，确切地说，是起源于法国，因为世界上第一所聋人学校（1760年创办）、第一所盲人学校（1784年创办）和第一所智力障碍者训练学校（1837年创办）都诞生于法国巴黎。特殊教育学校的创办，让残疾儿童第一次享受到了受教育的权利。

随着人类文明的进步和社会的发展，越来越多的国家开始学习和借鉴法国的特殊教育办学经验，并在各自的国家开办特殊教育学校。美国聋人教育先驱托马斯·霍普金斯·加劳德特（Thomas Hopkins Gallaudet）就是在学习了英国和法国的特殊教育学校运行的经验和方法之后，于1817年在康涅狄格州创办了美国历史上第一所特殊教育学校——康涅狄格州聋人教

---

① Poon-McBrayer K F, Lian M J: *Special Needs Education: Children with Exceptionalities*, Hong Kong: The Chinese University of Hong Kong Press, 2002, pp. 121-122.

② 刘全礼:《特殊教育导论》，北京：教育科学出版社，2003年，第49页。

育与指导中心。而由医学博士约翰·D. 费斯切（John D. Fischer）于 1829 年建立的新英格兰庇护所，更是充分吸纳了欧洲各地的特殊教育实践经验，并很快成为全美盲童教育中心。

相比聋人教育和盲人教育，世界范围内对智力障碍儿童的教育普遍都发展缓慢。因为能够进入聋校和盲校的儿童，大多智力正常，普通人都能够看得出教育在这些聋童和盲童身上所产生的积极效果，因而社会也更容易接受、认可并支持开办聋人教育和盲人教育机构。而在面对智力障碍的儿童时，一方面，全社会都对这样的孩子存在着根深蒂固的偏见，尽管不再把他们看成“魔鬼附体”的“非人”，但还是把他们看作不可能与健全儿童一起生活、一起成长的“异类”；另一方面，对智力障碍儿童实施教育需要教育者自身拥有更先进的教育理念和更强的专业能力，而观念的更新和专业能力的获得，仰赖于人类科技的进步和文明的发展。

1846 年，新英格兰庇护所的学校主管塞缪尔·格雷德利·豪（Samuel Gridley Howe）通过调查，初步估计出整个马萨诸塞州有 1 500 名智力障碍者，这些人在生活中普遍受到人们的歧视。1848 年初，塞缪尔·格雷德利·豪向马萨诸塞州的立法部门提交了建立智力障碍学校的建议报告。在报告中，他从宗教和社会责任的角度，分析了开办智力障碍学校的必要性和可行性，指出对智力障碍儿童进行教育，既是社会的责任，也是社会文明程度的标志。与此同时，著名教育家贺拉斯·曼（Horace Mann）等人也为智力障碍儿童的教育四处奔走。在这些教育家的积极呼吁和马萨诸塞州政府的支持下，塞缪尔·格雷德利·豪于 1848 年在波士顿建立了美国第一所智力障碍儿童试验学校。在建校之初，该校只招收 5 ~ 8 岁的轻度智力障碍儿童。三年的教育试验效果表明，这些智力障碍儿童通过学习和训练，不仅在身体、智力和道德品质等方面都获得了较大的提高，而且几乎都掌握了一些基本的生活技能。智力障碍儿童试验学校的成功引起了社会对智力障碍儿童教育的重视，也增强了政府开办智力障碍学校的信心。1850 年，马萨诸塞州政府出资兴建了马萨诸塞州智力障碍儿童学校，这是美国第一所州立智力障碍儿童学校。从此，美国的智力障碍儿童教育开始步入正轨。①随着大量的特殊教育学校或养护机构在美国的建立，世界特殊教育发展的中心也从欧洲转移到了美国。

（二）世界特殊教育的第二个发展阶段：特殊班的设立

世界特殊教育发展到 19 世纪下半叶，出现了一种新的实施机构——特殊班。特殊班的出现主要有两个方面的原因，一是越来越多欧美国家颁布了义务教育法，这意味着公立学校必须无条件接纳所有适龄的、具有不同能力和不同学习需求的孩子，这当然也包括有特殊教育需要的儿童。然而，虽然越来越多的残疾儿童进入公立学校，但学校的教育观念和教育方法尚未发生根本的变化，公立学校依然把残疾儿童看成惹麻烦、拖后腿的存在，认为如果把他们放在普通班级里，会对健全儿童造成不利影响。于是，学校想出了一个解决办法，把这些残疾儿童集中在一起，并为他们专门设立一个班级，由专门的教师管理。二是源于人们对特殊教育学校和机构隔离性质的初步反思。随着社会的发展和思想的进步，人们逐渐意识到，虽然特殊教育学校和养护机构给了残疾儿童受教育的权利，但现实中的特殊教育学校又成了一种新式“牢笼”——残疾儿童始终与社会处于相互隔离的状态当中。这种隔离式的教育方式，本质上剥夺了残疾儿童接触、了解、进入现实社会的权利。而特殊班的设立至少有三个方面的益处：一是特殊班班级内学生的水平相对接近，便于课程的设置和教师的教学；二是从事特殊教育的教师是经过专门训练的，有能力管教那些普通教师没有能力管

① 杨柳：《从隔离到全纳——美国残疾人教育研究》，博士学位论文，西南大学教育科学学院，2009 年，第 25-26 页。

教的残疾学生；三是创造了残疾学生与健全学生学习交流的机会，有利于残疾学生的社会化。[①]今天回过头再去看，我们当然可以看到特殊班的时代局限，因为特殊班依然属于隔离的性质。但我们也必须看到，相较于之前的特殊教育学校和养护机构，特殊班的设立能够有效地扩大残疾儿童的受教育覆盖面，拓展残疾儿童的发展空间，也为残疾儿童的成长增加了更多元的可能性。很快，特殊班的优点得到了越来越多人的认可，而特殊班也逐渐成为世界范围内被广泛接受的一种残疾儿童教育服务模式。

研究者（Lipsky D. K, Gartner A, 1997）根据特殊教育的目的、服务对象、服务提供者、服务场所、过程等，将特殊教育划分为机构化时代、去机构化时代和社区成员时代。第一阶段，即机构化时代，残疾儿童主要是在隔离机构中接受成人的统一照顾、看护。第二阶段，即去机构化时代，残疾儿童回到家庭或者特殊教育场所学习、生活，并获得特殊教育服务系统中的特定服务。第三阶段，即社区成员时代，则是将每一个残疾儿童视作社区居民加以平等对待，残疾儿童将回归家庭、普通班级、社区机构等场所进行学习和生活，家庭和社会都愿意接纳并致力于将他们培养成合格的社区公民，并为其成长提供支持。[②]

按照这个划分方式来看，特殊班的出现意味着特殊教育进入了第二个发展阶段。

（三）世界特殊教育的第三个发展阶段：融合教育的形成与发展

在经历了两次世界大战之后，欧美一些国家出现了影响深远、范围广

① 杨柳：《从隔离到全纳——美国残疾人教育研究》，博士学位论文，西南大学教育科学学院，2009年，第26页。

② Lipsky D. K, Gartner A. *Inclusion and School Reform: Transforming America's Classrooms*, MD: Paul H.Brookes，1997. 转引自昝飞：《融合教育：理想与实践》，上海：华东师范大学出版社，2016年，第14页。

泛的社会变革，改革运动的中心就是教育。其中，20 世纪中叶出现的“正常化”思想、“去机构化”运动和“回归主流”思想对世界特殊教育的发展产生了深远影响，回归主流运动最终把世界特殊教育引向了第三个发展阶段。

1.“正常化”思想的诞生

“正常化”思想诞生于欧洲，其主要观点是应打破原有的封闭、隔离的残疾儿童安置形式，尽可能把残疾儿童安置到正常社会环境中学习、生活，社会应该创造环境和条件，尽可能使残疾儿童融入普通社会生活。最早由国家制定的相关法案是丹麦于 1959 年颁布的《智力落后法案》，这个法案后来也被人们称为“正常化法案”。该法案确立了丹麦的残疾人政策与行动的基本准则，包括：① 正常化，即智力障碍人士的生活应该尽可能地接近健全人的生活方式。② 一体化，即拒绝“异常”，拒绝将处境不利人士隔离在集中式的福利机构与特殊学校。③ 发展，即首次确认智力障碍人士的权利，尤其是接受教育与训练的权利，这是抛弃传统的医疗看护模式，代之以教育、发展模式的基础。[①]

十年后，“正常化”思想通过学术交流的方式进入美国，并在美国掀起了轰轰烈烈的“去机构化”运动。

“正常化”思想的实施途径主要有两种：一是通过改造特殊教育学校、养护机构，使其在隔离的环境中提供尽可能正常的设施与环境等；二是使残疾儿童融合到普通教育机构，与健全儿童、主流社会文化保持联系。[②]由此可见，“正常化”思想对过去的特殊教育学校和养护机构持强烈的批判态度，主要批判的点集中在它们的隔离式、封闭式的教育和管理方式上。在

① Daniel, L.G., King, D. A. “Impact of Inclusive Education on Academic Achievement, Student Behavior and Self-esteem, and Parental Attitudes”. *The Journal of Educational Research*, 1997, 91 (2). 转引自邓猛主编：《融合教育理论指南》，北京：北京大学出版社，2017 年，第 38-39 页。

② 柳树森：《全纳教育导论》，武汉：华中师范大学出版社，2007 年，第 10-11 页。

"正常化"思想的指引下，人们开始提出更为激进的社会变革要求，呼吁让残疾人走出各种类型的隔离式的特殊教育学校和养护机构，走到以社区为基础的生活环境中去学习、生活。越来越多的人意识到并且也认同了这个新的观念：残疾人与健全人一样，应该拥有正常生活的环境和机会，并承担一定的社会角色。这就是轰轰烈烈的"去机构化"运动。在"去机构化"运动中，进入隔离式的特殊教育学校和机构的残疾儿童越来越少，大量的特殊教育学校和机构被关闭或改造。

基于对残疾人应有权利认识的进一步加深，以及对隔离式特殊教育的反思与批判，特殊教育领域出现了"正常化"思想，并且迅速在全世界传播开来，这一思想的广泛传播直接导致了"去机构化"运动的出现。随后在美国发展出的"回归主流"运动和在欧洲发展出的"一体化教育"运动则是对"正常化"思想的系统化落地实践，最为重要的标志就是特殊教育服务体系的建立与相关立法的出现。

2. "回归主流"运动与"一体化教育"运动

1970 年，伊夫林 · 德诺（Evelyn Deno）受"正常化"思想的影响，在对隔离式特殊教育形式批判与反思的基础上，提出了著名的瀑布式特殊教育服务体系（Cascade of Special Education Services）。德诺根据残疾儿童的障碍程度将儿童安置到各级各类学校，安置形式根据学习环境受限制的程度分为六级（见图 1.1），残疾儿童的障碍程度更重，就需要安置在学习环境受限制更多的场所；反之，残疾儿童的障碍程度更轻，就可以安置在学习环境受限制更少的场所。德诺的瀑布式特殊教育服务体系系统地考虑了不同障碍程度的残疾儿童的不同需求，并为这些差异化的学习、成长需求提供了可实践的安置方案。而且，就单独的特殊个体来讲，当个体成长过程中出现新的教育需求时，该体系依然能为他提供合适的教育安置形式。

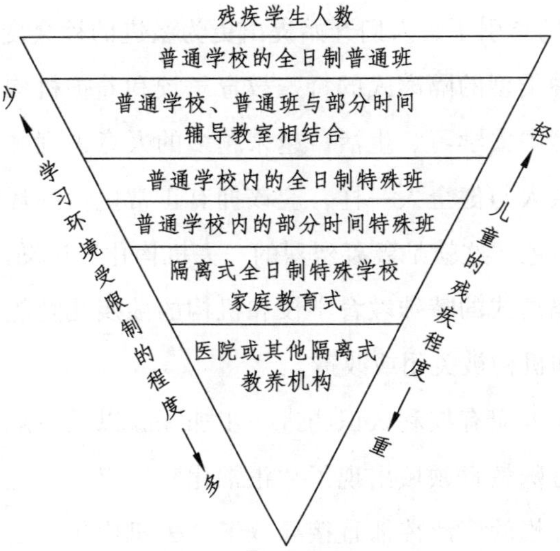

图 1.1　瀑布式特殊教育服务体系示意图①

1975 年，美国国会颁布了《所有残障儿童教育法》，该法案要求全美各州应当在最少受限制环境中，为所有适龄残疾儿童提供免费的、合适的教育，其目的就是让残疾儿童尽可能在主流环境的普通教室里与其他健全的儿童一起接受教育，在主流环境的社会场域与其他健全的儿童一起生活，将残疾儿童接触健全儿童与主流社会的限制减少到最低程度。

《所有残障儿童教育法》确立了保障残疾儿童权益的六项基本原则，包括：

① 零拒绝：不论残疾儿童的残障程度和类型，任何学校不得将其排除在外，必须保证他们和健全儿童一样享有免费的、适当的公立教育。

② 无歧视性评估：要求学校对残疾儿童所做的教育鉴定，以及以安置为目的的教育评估应该公平公正，不带任何歧视色彩。

③ 合法的程序：每个残疾儿童的家庭和学校都可以行使宪法所保证的权利，以保证残疾儿童的合法权益。

① 张福娟：《特殊教育史》，上海：华东师范大学出版社，2000 年，第 298 页。

④ 最少受限制环境原则：要求学校尽可能安排残疾儿童在最少受限制的环境里接受教育，这是残疾儿童教育安置的基本原则。

⑤ 个别化教育计划：要求学校在科学、公平的评估基础上，针对学生的个体差异，制订适合个体发展的个别化教育计划（Individualized Education Program，IEP）。

⑥ 家长的参与：要求学校与家长及学生共同制订个别教育计划，保障家长对残疾儿童评估、个别化教育计划制订以及残疾儿童在校表现的知晓权。

《所有残障儿童教育法》是美国关于残疾儿童教育最完整、最重要的一部立法，该法案的实施标志着“回归主流”运动的开始，并且，该法案中的各项规定也成了“回归主流”运动的指导纲领和行动依据。

1976 年，美国残疾儿童学会对“回归主流”这一概念做了如下定义：回归主流是一种有关残疾儿童教育安置的措施和过程的理论。这个理论认识到每个儿童都应在最少受限制的环境中接受教育，因为在最少受限制的环境中，儿童对教育和发展上的需要才能够得到满足。由此可见，“回归主流”是对“正常化”思想的承接与发展，而“回归主流”运动，则是基于这些思想的实践行动。

同一时期在欧洲发展起来的“一体化教育”运动同样也是主张将残疾儿童放到普通学校中，与健全学生一起接受教育，通过形式、功能、社交、社会等诸多层面上的一体化，推动残疾儿童从隔离的教育环境向较少隔离的环境转换、过渡。其中最值得一提的是英国的 1981 年教育法案，在保护残疾儿童的受教育权益方面，该法案中的规定与美国的《所有残障儿童教育法》有很多相通之处。同时，该法案创造性地对特殊教育对象做了重新定义——不再按传统的“心理-医学”模式，而是根据学习困难程度和特殊教育服务需求来定义特殊教育对象，并且正式定名了“特殊教育需要”（Special Education Needs，SEN）一词，这个新的概念和这种对特殊教育对象的定义方式很快就被世界范围内的特殊教育研究者接纳，并沿用至今。

包括有特殊教育需要儿童在内的所有儿童，都应享有由公共经费提供开支的适当教育的权利，都必须被尊重，学校应该面对学生的多元性和差异化，为他们提供各种教育服务以满足个体发展的需要；特殊教育领域应停止将残疾儿童贴标签进行分班隔离教育的安置方式。上述观点和做法是美国“回归主流”运动和欧洲“一体化教育”运动的共识。

不管是美国的“回归主流”运动还是欧洲各国的“一体化教育”运动，都对该国的特殊教育甚至整个国家的教育体系产生了重要影响，并且在教育实践层面引发了三个方面的明显改变。首先，越来越多的残疾儿童进入普通教育系统。到 20 世纪 70 年代末，越来越多的西方国家开始将残疾学生安置到普通班级，让他们与其他健全学生一起接受教育。其次，普通学校的教师开始承担教育残疾儿童的责任，特殊教育的知识和技能开始成为普通学校的教师专业发展的一项重要内容。最后，普通教育和特殊教育相互独立的双轨制教育体系被打破。这对该国的教育政策、管理，以及地方政府、学校的教育管理体制和工作机制都提出了挑战。

随着“回归主流”运动和“一体化教育”运动的逐渐深入，人们慢慢发现，这些改革方式并没有产生预期的效果。残疾儿童虽然已经被安置在普通学校和普通班级中学习，但学校缺乏有效的课程和教学方法来应对这种新的教育状况。从“物理”意义上来看，残疾儿童的确已经从特殊教育这个支流回归到了普通教育这个主流当中，但残疾儿童并不能真正接触到主流学校的课程；从“心理”意义上看，残疾儿童无法从内心产生回归主流的认同感和归属感，因此，依然还是被排斥在普通教育的系统之外。尽管特殊教育与普通教育的双轨教育体系在形式上已经被打破，但心理和观念层面的隔离之墙依然高耸如初。研究表明，1967 年至 1984 年间，在美国约有一半的残疾人从特殊教育机构中“释放”出来，但许多人回到社区后就不见了踪影。在特殊教育学校与特殊班的智力障碍学生也纷纷回到普通班，但由于缺乏有效的配合措施，以致在社会适应方面产生了不利影响。[①]

同时，"回归主流"运动和"一体化教育"运动都未能有效解决所有残疾儿童的教育问题。尽管欧美各国的法案都规定不能让任何一名残疾儿童被排除在教育之外，但由于特殊教育资源、相关辅助设备的缺乏，以及特殊教育理论与实践研究的相对落后，使得回归主流运动和"一体化教育"运动主要面对的对象还是轻度、中度障碍儿童，而非所有儿童，重度、多重障碍的残疾儿童依然需要留在特殊教育学校和相关机构。

此外，"正常化"思想也受到越来越多的批评。"正常化"思想认为只有残疾儿童拥有与健全人一样的正常社会生活环境时，他们才有可能真正正常，因此，"回归主流""一体化教育"的主旨就是让残疾儿童融入主流社会，让他们"像"健全人一样正常生活。但批评者认为，这一思想拒绝了差异，拒绝了多样性，并没有真正考虑到残疾儿童的特殊需求，而是以健全人作为衡定正常的标准，以普通教育作为权威和正本。在以健全儿童作为"正常"准绳的社会视域下，残疾儿童无法得到真正平等的对待，残疾儿童的能力、需要也难以得到真正的平等尊重。

如何建立一种既能接纳和教育所有学生，又能适应不同学生特性、差异和需要的教育体系，从而最大程度地满足所有学生生命成长的需求，使得每个孩子都能获得充分的发展，逐渐成为一个全球性的公共议题。基于对已有教育实践模式的反思，一种新的教育思想渐渐浮出水面，这就是"融合教育"（Inclusive Education）。

---

① Kernall K, Begab M, Edgerton R. *Environments and Behavior: The Adaptation of Mentally Retarded Persons*，Baltimore：University Park Press, 1983，p.195. 转引自杨柳：《从隔离到全纳——美国残疾人教育研究》，博士学位论文，西南大学教育科学学院，2009 年，第 32-33 页。

3. "融合教育"的诞生与发展

从融合教育的诞生时间及其思想内涵来看，它无疑就是从"正常化"思想、"回归主流"运动与"一体化教育"运动当中孕育出来的，或者说，它是由之前的这些特殊教育思想进化而来的。以美国为例，到 20 世纪 80 年代末，人们逐渐发现，以《所有残障儿童教育法》为指导思想的"回归主流"运动，在对待重度和多重残障学生时，违反了为残疾儿童提供"最少受限制环境"这一原则。于是，人们开始呼吁取消按残障类型和程度划分残障学生的特殊教育体系，依据法案精神，彻底消除普通教育和特殊教育的隔离状态，要求将所有残障学生安置到附近的普通学校和普通班级，与健全学生共同接受教育，美国融合教育运动的序幕就此拉开。

融合教育的核心思想有三点：第一，所有儿童都有受教育的权利，这其实是重申了 1948 年《世界人权宣言》中提出的"人人享有受教育的权利"。第二，残疾儿童应该安置在就近的普通学校和普通班级，与普通的同龄人在同一场域一起学习，取消根据残疾儿童的残障程度进行分类安置的形式。第三，学校和社会应为残疾儿童提供正常化的而非隔离的教育和成长环境，教育者在普通班中提供残疾儿童所需的所有特殊教育和相关服务措施。融合教育最终的目标是使特殊教育与普通教育合并为一个系统，并通过对社区和社会的影响，促成全社会形成一种对人的差异性、多元性充分接纳的融合氛围。

1994 年，联合国教科文组织（UNESCO）在西班牙召开"世界特殊需要教育大会"，通过了著名的《萨拉曼卡宣言》和《特殊需要教育行动纲领》（以下简称《行动纲领》），并正式面向全世界提出了"融合教育"的主张。《萨拉曼卡宣言》和《行动纲领》对特殊教育的本质、目的、服务网络系统、学校建设、课程与教学、教师培训、评估等做出了全新的系统思考。

《萨拉曼卡宣言》对残疾儿童的受教育权利做了如下五点声明，这五点声明也成了世界各国在实施和发展特殊教育时遵循的基本准则。

① 每个儿童都有受教育的基本权利，必须获得可达到的并保持可接受的学习水平之机会。

② 每个儿童都有其独特的特性、兴趣、能力和学习需要。

③ 教育制度的设计和教育计划的实施应该考虑到这些特性和需要的广泛差异。

④ 有特殊教育需要的儿童必须有机会进入普通学校，而这些学校应以一种能满足其特殊需要的、“以儿童为中心”的教育思想接纳他们。

⑤ 以全纳性为导向的普通学校是反对歧视态度，创造受人欢迎的社区，建立全纳性社会以及实现全民教育的最有效途径。此外，普通学校应向绝大多数儿童提供一种有效的教育，提高整个教育系统的效率并最终提高其成本效益。

随后，《萨拉曼卡宣言》呼吁各国政府“以法律或方针的形式通过全纳性教育原则，在普通学校招收所有儿童”，这里的“全纳性教育”一词，后来被更多的研究者翻译为“融合教育”。①

《萨拉曼卡宣言》之后，融合教育进入国际化发展时期，其所倡导的融合教育理念在之后的一些国际性会议上不断地被强调。作为特殊教育的一种理论和实践形式，融合教育也很快就在全世界获得了普遍的认同与广泛的推行，并成为许多国家特殊教育的基本政策。

迄今为止，融合教育的国际化已历经了近30年的发展历程。目前，我们仍处于融合教育的国际化发展时期。与融合教育的兴起阶段相比，国际化时期的融合教育总体来看有如下四个方面的显著特征：第一，在实施范围上，融合教育成为世界上很多国家教育改革的主要方向。第二，在推进

① 本书不对两种译法做进一步比较与辨析，仅从日常习惯的角度选择“融合教育”这个译法，如相关文献采用的是“全纳性教育”“全纳教育”等译法，本书在引用时也不做改动，读者知悉它们是同一个意思即可。

方式上，明确了以普通教育为核心的融合教育推进路径。第三，在融合教育对象上，由“残疾”扩展到所有“特殊教育需要”。从普通教育视角来审视教育对象，意味着融合教育不仅要包含“残疾”这类传统的教育弱势群体，还要包含更多被普通教育排斥于教育体系之外的儿童。第四，在理论研究与实践模式上，呈现容忍争议与多样化的特点。不同国家和地区的不同学者在理念理解上的差异，也决定了很多国家的融合教育实践既有趋同之处，也有差异。①

目前，国际社会对融合教育的研究和实践方兴未艾。英国、美国、澳大利亚、加拿大、西班牙等发达国家已在较大规模上开展了融合教育的理论研究、政策制定和实践。英国曼彻斯特大学已建立了“融合教育中心”；澳大利亚、英国、美国等联合创办了第一本融合教育杂志——《国际融合教育》杂志；西班牙、荷兰、澳大利亚、英国等已设有专门培养“学习辅导教师”的学士学位课程。

在此期间，联合国教科文组织（UNESCO）对世界融合教育的发展也起到了非常重要的推动作用，主要表现在两个方面：

第一，通过国际会议和出版物不断重申开展融合教育对于人类社会发展的重要意义，并提醒、敦促各国为之开展积极的行动。如 2009 年出版的《全纳教育政策指导方针》对融合教育的意义阐述如下：“全纳教育是一个过程，涉及学校和其他学习中心的变革……全纳教育对于实现社会公正至关重要，同时也是终身学习的组成要素。……推动全纳教育，意味着促进讨论，鼓励积极态度，改善教育和社会框架，以应对教育结构和治理方面的新需要。”②

① 李拉：《国际融合教育的发展脉络及阶段特征》，《现代特殊教育》2021 年第 4 期。
② 联合国教科文组织：《全纳教育政策指导方针》，联合国教科文组织出版，2009 年，第 4-7 页。

第二，通过国际会议和出版物宣传、推广部分国家和地区的融合教育实践成功经验，并从中总结通用的发展经验。详情可参阅联合国教科文组织出版的《全纳教育政策指导方针》(2009)、《确保教育包容性和公平性指南》(2017)以及历年的《全民教育全球监测报告》等。

二、中国特殊教育发展简史

(一)中国古代社会的残疾人

中国自古以来就有慈善救济残疾人的传统，即所谓“鳏、寡、孤、独、废疾者皆有所养”(《礼记·礼运》)。针对残疾人的技能训练中国也古已有之，这一点在史料里可以找到多重证据。第一，中国古代有很多关于盲人乐师的记载，如《诗经·有瞽》就描述过盲人乐师在“周庭”演奏的场面(“有瞽有瞽，在周之庭”)。《周礼》更是详细规定了“瞽蒙”的职责(“掌播鼗、柷、敔、埙、箫、管、弦、歌。讽诵诗，世奠系，鼓琴瑟。掌九德六诗之歌，以役大师。”)，“瞽蒙”乐师由礼官中的“春官”负责管理。第二，中国古代还有残疾人专门负责主持占卜、祭祀相关事宜的记载，如《荀子》中说：“古者以废弃之人，主卜巫祝之事。”第三，中国古代还有盲人史官的记载，如《国语·楚语上》写道：“史不失书，蒙不失诵。”“蒙”“史”都是史官，各有分工，其中“蒙”负责口头传诵，“史”负责书写记录。最为中国人所熟知的盲人史官，当推《左传》《国语》的作者左丘明。司马迁曾在《报任安书》中写道：“左丘失明，厥有《国语》。”不过，我们也需要清醒地认识到，这些只是历史中的零星个案，与现代意义上的特殊教育有着本质的区别。

（二）近代中国的特殊教育

只有出现了专门的特殊教育学校或机构，才可以说这个国家出现了真正的特殊教育。从这个意义上来说，中国的特殊教育始于 19 世纪下半叶。1874 年，中国第一所特殊教育学校——瞽叟通文馆（现北京盲人学校的前身）成立，这标志着以学校形式开展的特殊教育正式产生。受当时的社会发展水平的限制，晚清创办的十余所特殊教育学校，均由西方教会人士主导，除中国最早的盲校——北京瞽叟通文馆外，还有中国最早的聋哑学校——烟台启喑学馆，等等。国人创办特殊学校的历史始于 1916 年，在这一年，中国诞生了两所由国人创办的特殊学校，分别是 1916 年 1 月开学的湖南导盲学校和 1916 年 11 月开学的“江苏南通私立盲哑学校”，后者由当时的大实业家、教育家张謇创办，且张謇亲任校长，对当时的社会产生了巨大影响。①

（三）1949 年至改革开放前中国的特殊教育

中华人民共和国成立后，特殊教育事业得到了进一步发展。从 1949 年至今，国家通过一系列的政策、法律法规的颁布实施，将特殊教育纳入国民教育体系，并不断推进特殊教育同步实施义务教育，普及残疾儿童少年义务教育，保障残疾儿童少年的受教育机会和权利，形成了具有中国特色的特殊教育发展体系。

早在 1951 年 10 月，中央人民政府政务院颁布的《关于改革学制的决定》要求在发展各级各类学校教育的同时，各级人民政府应设立针对残疾人的特种学校，对生理上有缺陷的儿童、青少年和成人施以教育。这是新中国第一个对特殊教育做出规定的教育法规，将特殊教育纳入国家学制当

---

① 郭卫东：《华洋转型中的样板——民国年间江苏特殊教育研究》，载张宪文主编《民国研究（2014 年春季号）》，北京：社会科学文献出版社，2014 年，第 161 页。

中，确立了特殊学校的性质。但是在20世纪80年代之前，中国尚未形成特殊教育的法律体系。1978年改革开放以来，中国的特殊教育才逐渐步入法制化道路。[①]

（四）改革开放之后中国的特殊教育

1982年，残疾人受教育问题被正式写入《中华人民共和国宪法》，国家和社会帮助安排盲人、聋人和其他有残疾的公民的劳动、生活和教育。与此同时，在国家推行九年义务教育的背景下，残疾儿童的教育问题开始受到关注。

1985年5月27日，中共中央《关于教育体制改革的决定》明确提出在实行九年义务教育的同时，还要努力发展残疾儿童的特殊教育。1986年4月12日，第六届全国人民代表大会第四次会议通过的《中华人民共和国义务教育法》明确将残疾儿童教育纳入义务教育范畴。在原国家教育委员会等部门随后印发的《关于实施〈义务教育法〉若干问题的意见》和《中华人民共和国义务教育法实施细则》以及各地方政府和教育部门制定的实施《中华人民共和国义务教育法》的地方性法规条例中，对残疾儿童义务教育的入学年龄、在校年限、办学形式、学校（班）设置及布局、家庭经济困难学生的助学补贴和师资培训等，均做了具体规定。至此，盲童、聋童和智力障碍儿童这三类残疾儿童接受义务教育有了法律保障。

但是在20世纪80年代，特殊教育依然是我国普及初等教育最薄弱的环节，全国学龄盲童、聋童和智力障碍儿童的入学率非常低。因此，1988年11月，原国家教育委员会、民政部和中国残疾人联合会召开了首次全国特殊教育工作会议，提出为切实保障残疾少年儿童受教育的权利，必须采取积极的态度和有力的措施，并将随班就读确立为我国特殊教育的主体形

① 袁贵仁主编:《中国教育》，北京：北京师范大学出版社，2013年，第150页。

式。随即，《中国残疾人事业五年工作纲要（1988—1992年）》颁布实施，该工作纲要制定了残疾儿童入学率目标，提出今后五年，要采取多种措施，使盲童、聋童的入学率从现在的不足6%，分别提高到10%和15%，智力障碍儿童入学率要有大幅度提高；发达地区的残疾儿童入学率应有更大的提高。并对随班就读的形式做了较为具体的规定：“采取有力措施，积极推动普通学校和幼儿园附设特教班，及普通班中吸收肢残、轻度智力障碍、弱视和重听（含经过听力语言训练达到三级康复标准的聋童）等残疾儿童随班就读。”1989年5月4日，国务院办公厅转发了《国家教育委员会等部门关于发展特殊教育若干意见》。该文件指出我国这一时期特殊教育发展应贯彻的基本原则是“普及与提高相结合，以普及为重点”，并指出“在当前和今后一个时期，发展特殊教育事业的基本方针是：着重抓好初等教育和职业技术教育，积极开展学前教育，逐步发展中等教育和高等教育。把残疾少年儿童教育切实纳入普及义务教育的工作轨道”。

自1990年起，国家教育委员会先后五次召开了全国性的随班就读工作现场会或研讨会，研讨和交流各地随班就读实践中遇到的问题，并积极推广优秀地区的实验成果。1994年，国家教育委员会在江苏召开了全国残疾儿童随班就读工作会议，对过去几年全国各地的随班就读实践进行了系统的总结，并明确指出：“在我国大面积开展随班就读工作是可信、可行的，有着良好的办学效益和社会影响。”①同年，国家教育委员会发布了《关于开展残疾儿童少年随班就读工作的试行办法》，系统论述了残疾儿童少年随班就读工作的基本要求，这标志着随班就读政策架构的初步成型。也是在这一年，中华人民共和国国务院颁布了《残疾人教育条例》，该条例根据《中华人民共和国教育法》和《中华人民共和国残疾人保障法》制定，是我国

①《全国特殊儿童少年随班就读工作会议纪要》，《现代特殊教育》1994年第6期。

第一部有关残疾人教育的专项法规。它的颁布与实施，意味着“保障残疾人受教育的权利，发展残疾人教育事业”有了系统的法律保障。

从残疾儿童少年入学率这一指标来看，随班就读实验与推广的成效显著。据统计，1948 年，全国只有 2 380 名残疾学生在校就读[①]；1988 年，就读于特殊学校或随班就读的残疾学生数为 5.76 万；1992 年增长到 12.95 万；1995 年增长到 29.56 万。[②]

（五）21 世纪中国的特殊教育

进入 21 世纪，残疾儿童少年义务教育的普及仍然是一项重要且艰巨的任务。适龄残疾儿童少年义务教育入学率的提升仍然面临诸多困境：第一，残疾儿童少年享有受教育的权利虽然被法律规定下来，但并未作为一种教育理念得到政府官员、教育行政干部的普遍认同，尤其基层干部的相关认识有待提高。第二，工作推进难度越来越大，三类残疾中的中度、重度以及极重度残疾的儿童少年入学率低，且这些残疾儿童少年多集中于经济欠发达、交通不便的地区，更加增大了问题解决的难度。第三，如何提升特殊教育的质量，充分满足残疾儿童的多样性教育需求，仍然是亟待解决的问题。面对特殊教育的严峻现实，从党的十七大第一次在政治报告中强调“关心特殊教育”，到党的十八大继续强调要“支持特殊教育”，再到党的十九大要求“办好特殊教育”，彰显了党和政府发展特殊教育的坚定决心。与此同时，教育部等部门先后出台了各种政策，加快推进特殊教育内涵发展和质量提升，全面推进融合教育实践。

2001 年，教育部、国家计委等九个部门联合发布了《关于“十五”期

① 朴永馨主编：《特殊教育学》，福州：福建教育出版社，2014 年，第 35 页。
② 赵小红：《近 25 年中国残疾儿童教育安置形式变迁——兼论随班就读政策的发展》，《中国特殊教育》2013 年第 3 期。

间进一步推进特殊教育改革和发展的意见》，不仅明确了我国“十五”期间特教事业发展的目标任务，强化了“随班就读”的重要性，而且进一步丰富了特教事业顶层设计的内涵。2009年，教育部等八个部门联合颁发了《关于进一步加快特殊教育事业发展的意见》，进一步明确了特教改革发展的主要任务与基本措施，特殊教育事业发展的战略定位实现了从“大力发展”到“加快发展”的质的飞跃。

2010年颁布的《国家中长期教育改革和发展规划纲要（2010—2020年）》[以下简称《纲要（2010—2020年）》]对中国特殊教育的改革发展更是具有里程碑意义。《纲要（2010—2020年）》把促进公平作为国家基本教育政策，把提高质量作为教育改革发展的核心任务，将“保障残疾人受教育权利”作为战略目标“形成惠及全民的公平教育”的子目标，确定以“关心和支持特殊教育”“完善特殊教育体系”与“健全特殊教育保障机制”为中国特殊教育改革和发展的基本路径。《纲要（2010—2020年）》的颁布标志着我国特殊教育政策与普通教育政策进入融合与互嵌性关系发展阶段[①]，为具有中国特色的现代特殊教育制度体系的形成奠定了坚实的基础。《纲要（2010—2020年）》的实施，使我国特殊教育改革发展呈现出前所未有的创新局面。

2014年，刘延东副总理在全国特殊教育工作电视电话会议的讲话中强调，我国是联合国《残疾人权利公约》的最早发起国和首批缔约国之一，保障残疾人受教育权是我国政府向国际社会做出的庄严承诺。我国残疾人口的数量比世界上大多数国家的总人口还多，充分保障残疾人的受教育权利既是我国社会文明进步的重要标志，也是对世界残疾人事业的重要贡献。“教育是残疾人打开幸福之门的基础途径，特殊教育是一项神圣事业。要推行没有排斥、没有歧视的全纳教育理念，加快构建布局合理、学段衔接、普职融

① 冯元、俞海宝：《我国特殊教育政策变迁的历史演进与路径依赖——基于历史制度主义分析范式》，《教育学报》2017年第3期。

通、医教结合的特殊教育体系，促进残疾孩子快乐成长、实现人生价值。”[①]

为了深入贯彻实施《纲要（2010—2020年）》，推进特殊教育发展，提升特殊教育水平，教育部等七部门连续制订了两期特殊教育提升计划，分别是《特殊教育提升计划（2014—2016年）》[②]（以下简称《第一期提升计划》）和《第二期特殊教育提升计划（2017—2020年）》[③]（以下简称《第二期提升计划》）。

《第一期提升计划》主要从三个方面入手来提升特殊教育水平：一是政策目标的提升。《第一期提升计划》在“全面推进全纳教育，使每一个残疾孩子都能接受合适的教育”这一总体目标下，提出了“到2016年，全国基本普及残疾儿童少年义务教育，视力、听力、智力残疾儿童少年义务教育入学率达到90%以上”的明确要求。二是政策措施的提升。《第一期提升计划》提出了“送教上门”等积极教育措施，要求“县（市、区）教育行政部门要统筹安排特殊教育学校和普通学校教育资源，为确实不能到校就读的重度残疾儿童少年提供送教上门或远程教育等服务，并将其纳入学籍管理”。三是特殊教育经费保障机制的提升。包括三个方面：第一，明确义务教育阶段特殊教育学校生均公用经费标准，保障特殊教育学校正常运转。第二，在“两免一补”基础上，进一步提高残疾学生资助水平。第三，各级财政支持的残疾人康复项目优先资助残疾儿童。

2016年，为完善普通学校随班就读支持保障体系，提高特殊教育教学

① 张烁：《全国特殊教育工作电视电话会议召开》，《人民日报》2014年1月28日，第4版。

② 国务院办公厅：《国务院办公厅关于转发教育部等部门特殊教育提升计划（2014—2016年）的通知》，2014年1月8日，http://www.moe.gov.cn/jyb_xxgk/moe_1777/moe_1778/201401/t20140120_162822.html。

③ 教育部等：《教育部等七部门关于印发〈第二期特殊教育提升计划（2017—2020年）〉的通知》，2017年7月17日，http://www.moe.gov.cn/srcsite/A06/s3331/201707/t20170720_309687.html。

质量，教育部还制定了《普通学校特殊教育资源教室建设指南》，详细阐明了资源教室的主要功能，且对资源教室的基本布局、场地及环境、区域设置、管理规范等都做了清晰明确的规定。《第二期提升计划》强调，发展特殊教育是“推进教育公平，实现教育现代化的重要任务，是增进残疾人家庭福祉、加快残疾人小康进程的重要举措”。《第二期提升计划》在《第一期提升计划》制定的总体目标上稳步推进，提出“到2020年，各级各类特殊教育普及水平全面提高，残疾儿童少年义务教育入学率达到95%以上”。具体措施包括：① 以区县为单位，逐一核实未入学适龄残疾儿童少年数据。通过特殊教育学校就读、普通学校就读、儿童福利机构（含未成年人救助保护机构）特教班就读、送教上门等多种方式，落实“一人一案”，做好教育安置。② 优先采用普通学校随班就读的方式，就近安排适龄残疾儿童少年接受义务教育。③ 发挥特殊教育学校在实施残疾儿童少年义务教育中的骨干作用。到2020年，基本实现市（地）和30万人口以上、残疾儿童少年较多的县（市）都有一所特殊教育学校。④ 对不能到校就读、需要专人护理的适龄残疾儿童少年，采取送教进社区、进儿童福利机构、进家庭的方式实施教育。以区县为单位完善送教上门制度，为残疾学生提供规范、有效的送教服务。同时，《第二期提升计划》进一步聚焦融合教育的质量，要求“促进医教结合，建立多部门合作机制，加强专业人员的配备与合作，提高残疾学生评估鉴定、入学安置、教育教学、康复训练的有效性。加强特殊教育教师培养培训，提高专业化水平。增强特殊教育教科研能力，加强特殊教育学校教材和教学资源建设，推进课程教学改革”，实现“普通学校随班就读质量整体提高”。

国内学者一般认为我国自20世纪80年代以来实行的随班就读是在西方“一体化教育”和“回归主流”思想影响下，由我国特殊教育工作者根据我国国情探索出的特殊教育实践形式。从广义上理解融合教育思想，我们其实可以将所有试图把残疾儿童部分或全部学习时间安置于普通教室的努力都看作融合教育，因此，随班就读也应该属于全球范围内的融合教育运动范畴。[①]只不过，作为发展中国家，在经济、文化还不够发达的现实背景下，我国的随班就读更像是一种实用主义的融合教育模式。[②]

2019 年发表的《平等、参与、共享：新中国残疾人权益保障 70 年》[③]白皮书中的数据显示，中国有 8 500 万残疾人，2018 年仅在校就读的残疾儿童少年人数就有 66.6 万，“保障残疾人受教育的权利”所要做的最基础的一项工作，就是扩大特殊教育对象与提高普及水平。自改革开放以来，经过特殊教育工作者四十多年的努力，目前，我国的特殊教育已能够基本惠及所有特殊需要个体，我国已基本形成以特殊教育学校为骨干、以随班就读为主体、以送教上门为补充的特殊教育发展格局，基本形成学前教育、九年义务教育、高中阶段教育和高等教育相衔接的特殊教育体系。这种适合我国国情、较为完备的特殊教育发展格局和特殊教育体系，大大加快了我国特殊教育发展步伐，为广大残疾人接受教育、成长成才提供了制度体系的根本保障。[④]根据教育部发布的《2020 年全国教育事业发展统计公报》[⑤]，2020 年，全国共有特殊教育学校 2 244 所，比 2019 年增加 52 所，增长 2.37%；特殊教育学校共有专任教师 6.62 万人，比 2019 年增加 0.38 万人，增长

① 邓猛、潘建芳：《关于全纳教育思想的几点理论回顾及其对我们的启示》，《中国特殊教育》2003 年第 4 期。

② 邓猛、朱志勇：《随班就读与融合教育：中西方特殊教育模式的比较》，《华中师范大学学报》（人文社会科学版）2007 年第 4 期。

③ 中华人民共和国国务院新闻办公室：《平等、参与、共享：新中国残疾人权益保障 70 年》，2019 年 7 月 25 日，http://www.scio.gov.cn/zfbps/32832/Document/1660476/1660476.htm。

④ 丁勇：《坚持人民至上 公平优先 育人为本 制度保障——中国共产党重视发展特殊教育的伟大实践和成功经验》，《现代特殊教育》2021 年第 14 期。

⑤ 中华人民共和国教育部：《2020 年全国教育事业发展统计公报》，2021 年 8 月 27 日，http://www.moe.gov.cn/jyb_sjzl/sjzl_fztjgb/202108/t20210827_555004.html。

6.11%。2020年，全国特殊教育学校共招收各种形式的特殊教育学生14.90万人，比2019年增加0.48万人，增长3.35%；在校生88.08万人，比上年增加8.62万人，增长10.85%，实现了《第二期提升计划》中制定的“到2020年，各级各类特殊教育普及水平全面提高，残疾儿童少年义务教育入学率达到95%以上”这一目标。接下来，我们还需要在特殊教育教学质量、教师专业化水平、特殊教育课程与教材研制、理论和实践研究等方面，做进一步的探索和提升。

我们必须清醒地认识到，中国的特殊教育工作者正在进行着并将长期面对着“世界上规模最大的特教事业”，这是一项长期而艰巨的使命，不可能一蹴而就。一方面，我们需要努力吸取西方特殊教育的理论精华与实践经验，“取其体现特殊教育共性规律的东西”；另一方面，我们必须不断开展本土化的实践，“在中国的实践中去验证、运用、发展和创造”，在实践中探索中国特殊教育的规律，找到中国自己的发展模式，以此来指导中国特殊教育的发展。①

三、常熟特殊教育的历史与发展

自从《纲要（2010—2020年）》颁布与实施以来，我国特殊教育进入发展最快的一个时期。特殊教育被纳入国家教育发展改革顶层设计和第一个基本公共服务体系规范之中，政策措施力度之大，经费投入之多，人才培养的积极性之高，社会力量支持之广，都前所未有。然而，相对于教育现代化的推进、残疾人小康生活建设进程以及社会文明的发展，我国的特殊教育事业还有很大的发展空间。随着国家融合教育的发展，各地呈现出不同的融合教育办学特色、发展路径和研究方式。但综合看来，已有的大多

① 朴永馨：《努力发展有中国特色的特殊教育学科》，《特殊教育研究》1998年第1期。

数融合教育探索和研究只是局部的、零散的、自发的，还未形成区域性的适合特殊需要学生优质发展的融合教育实践和保障体系。在这种背景下，常熟市特殊教育工作者历经四十余年的探索实践，将本土实际与国际融合教育理念结合，积极呼应并落实国家特殊教育发展的规划和目标，逐步构建出一套较为成熟的、基于县域的“特教班”融合教育运行模式，有效提升了该市的特殊教育质量，获得了较好的社会反响。

常熟市地处长江三角洲，是“全国综合实力百强县（市）”。常熟市先后被评为江苏省首批教育现代化县（市）、全国首批义务教育基本均衡县（市）。目前，全市有 162 所公办学校，义务教育阶段的公办学校有 93 所，其中 1 所为特殊教育学校。

常熟的特殊教育起步于 1975 年，至今（2021 年）已发展了 46 年。这 46 年的发展历程大致可以划分为三个阶段：1975—1985 年：起步初探阶段；1985—2004 年：快速发展阶段；2004 年至今：全面普及与提升阶段。

（一）1975—1985 年：起步初探阶段

1975 年 3 月，常熟县文教局根据苏州地区教育局提出的开办聋哑学校的要求，决定将当时的培红小学（山前街 16 号）撤校，并在原校舍基础上，创建苏州地区常熟聋哑学校。同年 9 月，学校正式投入运营，主要招收常熟、沙州、江阴、无锡四县的学龄聋童，学制定为五年。最早一批常熟特殊教育工作者就是在这种一边兴建校舍、一边完善办学设施的工作条件下，开始了对特殊教育最初的实践与探索。

1975 年 12 月，联合国大会通过了《残疾人权利宣言》，该宣言明确了残疾人的定义。“残疾人”一词是指任何由于先天性或非先天性的身心缺陷而不能保证自己可以取得正常的个人生活和（或）社会生活上一切或部分必需品的人。此次大会还向全世界呼吁：所有残疾人都应享有受教育的权利。这意味着，我们不仅要为听力障碍儿童和言语障碍儿童提供受教育的机会，还应该为更多类别的残疾儿童提供适合他们需求的教育。

由于首批学生中大部分是从苏州地区昆山聋哑学校转学过来的1974级学生，因此，1979年7月，常熟聋哑学校就迎来了首届共11名毕业生，这是常熟特殊教育历史上的第一批特殊教育学校毕业生。

1982年12月，苏州地区与苏州市合并，常熟撤县建市，苏州地区常熟聋哑学校由此更名为苏州市常熟聋哑学校。

1985年11月30日，苏州市常熟聋哑学校迎来了建校十周年庆典。历经十年的艰难探索，老一辈特殊教育工作者把常熟的特殊教育带到了一个新的起点。站在这个新起点上，常熟的特殊教育迎来了一个快速发展时期。

（二）1985—2004年：快速发展阶段

这一时期，常熟特殊教育的发展主要体现在两个方面：一是不断扩大特殊教育的覆盖面，二是不断丰富特殊教育的内容和形式。

早在1986年2月，苏州市常熟聋哑学校就试办过一个聋童学前班，学生为8名听力障碍儿童。学前班帮助他们提前学习发音、说话和社会常识，为他们将来进入小学阶段的学习打好基础。1991年11月18日，在常熟市残联、常熟市教育局的联合支持下，苏州市常熟聋哑学校聋儿康复班正式开班，常熟特殊教育的学前教育由此正式拉开序幕。在残疾儿童的学前教育方面，常熟先于苏州其他县市开展起了实践与探索。1996年9月，聋儿康复班由此前的一个增加到了两个，基本满足了常熟听障儿童的学前教育需求。

1987年10月，虞山镇在五爱小学开办了常熟市的第一个培智班，招收虞山镇范围内的轻度智力障碍学生。从此，常熟市的特殊教育从早期单一的聋人教育，发展到针对两种类别残疾儿童的教育。随后，常熟市的部分普通小学开始试行开办培智班，先后有练塘、浒浦、吴市、王市小学等。

随着社会的发展，越来越多的残疾儿童有了提升学历的需求。为满足残疾儿童及其家庭的现实需求，1992 年 9 月 1 日，苏州市常熟聋哑学校增设初中部，首批进入初中部学习的有 12 名残疾儿童（全部为听障儿童）。

聋哑学校初中阶段除了开设基础文化知识课程之外，还包括职业技能课程，如缝纫技术课。实践表明，经过初中三年的学习，听障儿童一般都能学会服装整烫和缝制服装的技术，这些学生毕业后，绝大多数被安置在常熟本地的福利工厂工作。这些残疾儿童原本是家庭的焦虑源和压力源，但教育改变了这种现状。如今，他们不仅能为自己和家庭创造财富，还能为全社会创造源源不断的价值。为此，常熟聋哑学校得到了家长和社会越来越多的关注和赞誉。

在此期间，苏州市常熟聋哑学校还与苏州、昆山、无锡、张家港等周边地区开展了形式多样的教育教学研讨活动，尤其在职业技术教育方面进行了较为深入的探索，取得了丰硕的成果。

1995 年 9 月 1 日，苏州市常熟聋哑学校搬迁新址（虞山镇甸桥村），学校更名为常熟市特殊教育学校，原虞山镇培智学校（即在五爱小学内开办的两个培智班）并入该校。1995 年 10 月 26 日，常熟市特殊教育学校举行“新校落成暨校名揭牌仪式”，常熟市委市政府相关领导参加了本次揭牌仪式。自此，常熟市特殊教育学校成为招收听力障碍和智力障碍两类残障学生的九年义务教育的全日制特殊教育学校。

随后，学校以创建“全国特殊教育先进县”和创建“江苏省特殊教育示范学校”为契机，在基础设施建设和办学水平方面也获得了长足的发展。

1999 年初，在常熟市教育局的指导下，常熟市特殊教育学校全体教职员工投入到创建“江苏省特殊教育示范学校”的工作中。经过一年多的努力，常熟市特殊教育学校迎来了丰硕的果实，2000 年 12 月，常熟市特殊教育学校被江苏省教育厅认定为“江苏省特殊教育现代化示范学校”（见图

1.2）。自此，常熟市的特殊教育又跨上了一个新的台阶。

图 1.2 “江苏省特殊教育现代化示范学校”牌匾

（三）2004 年至今：全面普及与提升阶段

站在“江苏省特殊教育现代化示范学校”这级新台阶上，常熟的特殊教育工作者开始思考如何在普通学校普及特殊教育知识，从而让全市有特殊需要的儿童能够接受到优质的特殊教育。

2004 年 2 月 26 日，在常熟老一辈特殊教育工作者的积极倡导和热心推动下，在常熟市教育局大力支持下，以特殊教育学校为专业班底的常熟市特殊教育指导中心成立（见图 1.3）。该中心的成立，标志着常熟特殊教育进入一个突破性发展时期。

图 1.3 “常熟市特殊教育指导中心”牌匾

常熟市特殊教育指导中心成立以后，常熟市的特殊教育系统很快就构建出了以特殊教育指导中心为“枢纽”，以特殊教育学校为龙头，以随班就读和特教班为主体，以学前早期教育和高中职业技术教育为重点的特殊教育发展思路，并逐步完善了特殊教育管理网络。特殊教育指导中心成员由教育局分管局长、教育局基础教育科科长、特殊教育学校校长、教育局教研室主任、教育局教研室特殊教育教研员、特殊教育专家、特殊教育巡回教师等人组成。特殊教育指导中心下设办公室，承担全市特殊教育的发展、规划、培训、协调、管理、咨询、服务等工作。普通中小学普遍建立以分管校长任组长，由教导主任、特教班和随班就读教师代表组成的特殊教育领导小组。

常熟市特殊教育指导中心打破了传统特殊教育封闭的运行模式，使得特殊教育学校的职能身份从传统的单一教学功能机构转变为地区性的特殊教育资源中心。具体来讲，以特殊教育学校为专业班底的常熟市特殊教育指导中心肩负起了“评估”职能、“资源”功能、“培训”职能和“巡回指导”功能，在健全特殊教育管理体系、提供专业支持和社会保障服务等方面做了很多工作。

常熟市特殊教育指导中心成立后，围绕特教班建设、随班就读管理、特殊教育工作评先评优等先后出台了十多个规范性文件，对常熟市特殊教育发展做了明确的规划和要求，有力提升了特殊教育规范化水平，推动了常熟市特殊教育的均衡发展。截至 2021 年，常熟市义务教育阶段 814 名残疾儿童，有 663 名就读于各普通中小学特教班或随班就读（含送教上门 35 名），151 名就读于特殊教育学校，义务教育阶段残疾儿童入学率连续四年达到 100%。由于特殊教育指导中心在整体推动常熟市特殊教育的发展方面效果显著，部分地区开始效仿常熟，纷纷成立了特殊教育指导中心。2011

年2月，上海市长宁区成立了长宁区特殊教育指导中心；2013年8月，浙江省衢州市成立了衢州市特殊教育指导中心。2014年5月18日，苏州市特殊教育指导中心成立。

概而言之，常熟市特殊教育指导中心引发的积极效应主要有以下五个方面的内容。

1. 不断推进特殊教育向学前教育和高中阶段教育延伸

2005年9月1日，常熟市特殊教育学校增设高中部，招收首批聋人职业高中学生。2009年9月，首届智力障碍职业高中学生入学。这意味着，在整个江苏省范围内，常熟市特殊教育学校率先实现了“以义务教育为基础，逐步向学前教育和职业高中教育两头延伸”的转型升级目标。

2.“三种办班”形成模式

2017年，常熟市就提前并超额完成了《第二期提升计划》中提出的“到2020年，残疾儿童少年义务教育入学率达到95%以上”的目标，这与常熟市坚持“动态测评、多元安置”的教育安置策略有着密切的关系。常熟市的多元教育安置方式包括：普通学校随班就读、普通学校“特教班”就读、特殊教育学校就读、送教上门。在“多元安置”的基础上，常熟市再以选择性、适切性为原则，原创了“全日制、半日制、走班制”三种特教班办班模式，为残疾儿童持续提供多元、细化的选择，更好地促进残疾儿童与健全儿童之间的相互融通，满足残疾儿童个性化发展需求。截至2021年10月，全市中小学（幼儿园）开办特教班68个，随班就读点145个，融合教育资源中心126家。

3."四大系统"协调发展

发展特殊教育，不仅需要教育主管部门的鼎力支持，还需要社会多方的参与协助。目前，在常熟市特殊教育指导中心的协调下，常熟市各大行政系统积极参与，分工协作，为常熟特殊教育的发展提供了持续有力的保障，创造出了一种"全情接纳"的社会氛围。

其中，教育系统着重为适龄残疾儿童提供适合其个性特征的、优质的特殊教育服务；残联系统为残疾儿童的教育和生活提供一定的经费保障，并为各类竞赛活动和技能培训提供资金支持；乡镇系统为残疾儿童提供一定的生活保障服务；公益系统为残疾儿童提供直接的生活服务，以及在对重残儿童"送教上门"时提供特需服务，并通过其组织的公益募捐等活动为特殊教育募集社会资金，从而为特殊教育的发展提供一定的经费支持。

通过四大系统的共同努力，常熟的特殊教育正在向着全纳教育这个高级阶段迈进。

4."五类管理"强化研究

《中华人民共和国残疾人保障法》[①]对残疾人的定义如下：残疾人是指在心理、生理、人体结构上，某种组织、功能丧失或者不正常，全部或者部分丧失以正常方式从事某种活动能力的人。残疾人包括视力残疾、听力残疾、言语残疾、肢体残疾、智力残疾、精神残疾、多重残疾和其他残疾的人。

常熟市特殊教育指导中心基于常熟市现有的教育评估技术和测量技术，从特殊教育的角度将类型复杂的特殊教育对象分为五大类，并根据特

①《中华人民共和国残疾人保障法》，1990 年 12 月 28 日，http://www.scio.gov.cn/32344/32345/32347/33466/xgzc33472/Document/1449134/1449134.htm。

殊教育的需要，制定了一整套特殊教育管理细则。

2009年和2010年，常熟市教育局先后下发了《常熟市中小学特殊学生随班就读管理工作基本要求》和《常熟市中小学特殊学生随班就读管理细则》。常熟市各中小学校依据市教育局文件精神，把在校就读的残疾儿童分为视力障碍、听力障碍、智力障碍、脑性瘫痪（肢体残疾）、孤独症这五类，并建立了相应的教学研究小组和协作区。

5.“六项服务”惠及百姓

常熟市特殊教育指导中心依托常熟市特殊教育学校的特殊教育资源，积极开拓针对残疾儿童的多种形式的社会服务。

（1）开通“热线电话”。2008年，为了方便各中小学校领导、教师以及残疾儿童家长的咨询，常熟市特殊教育指导中心开通了24小时服务的热线电话。

（2）建立“中心网站”。2009年2月26日，常熟市特殊教育指导中心网站正式开通，这是江苏省首个特殊教育服务网站，为特教班教师、随班就读教师、残疾学生家长提供特殊教育相关资讯和资料。

（3）出版“特教小报”。从2006年开始，为了更好地普及特殊教育知识、宣传特殊教育的政策和规定、介绍各校的成功经验和做法，常熟市特殊教育指导中心创办了《常熟特殊教育》小报。这份小报的读者群体，不仅有从事特殊教育的教师，也有众多残疾儿童家长，从而让全社会的相关人员更全面地了解特殊教育，掌握必要的特殊教育专业知识。

（4）健全“成长档案”。鉴于残疾学生类型多、情况复杂等特点，常熟市教育部门要求各个学校都应为残疾儿童建立受教育档案，将残疾儿童检测的原始记载、教育鉴定、学籍卡、个别教学（训练）计划、个别辅导记录、获奖证书、优秀成果材料等，存入残疾儿童成长档案袋内。这样既有助于为残疾儿童提供个性化的教育服务，又为残疾儿童成长个案研究积累了丰富的原始资料。

（5）开展“社区服务”。为拓展社区服务功能，常熟市特殊教育指导中心与常熟市特殊教育学校在常熟市虞山镇方塔管理区开设了社区服务站——善爱之家。该服务站聘请了多位特教老师和社会志愿者，常年为社区残疾儿童和成年残疾人提供咨询服务和学习辅导。

（6）开创“送教服务”。从 2012 年开始，常熟市特殊教育指导中心与常熟市特殊教育学校联合组织了为重度残疾儿童送教服务工作。从 2013 年起，常熟市残联对全市重度残疾儿童进行了分类统计，并聘请特殊教育专业教师定期对他们进行学习技能培训。目前，全市有 70 多位特殊教育送教服务志愿者，不定期地在各乡镇、社区进行送教服务工作，让重度残疾儿童在家也能享受到符合其成长需求的特殊教育服务。

常熟特殊教育的运行模式及其取得的成效，受到了省内乃至全国特教界人士的广泛关注。近年来，国际救助儿童会（英国）北京代表处、南京特殊教育师范学院，广东佛山、河南洛阳、浙江温州、浙江绍兴、四川泸州、江苏南通、江苏常州、江苏无锡等地的领导、专家以及老师纷纷来到常熟考察、研究，交流特殊教育实践与研究经验。2018 年 12 月，教育部公布了“2018 年国家级教学成果奖获奖项目名单”，由常熟市特殊教育指导中心和常熟市特殊教育学校共同主持的“县域‘特教班’融合教育运行模式的构建与实施”荣获一等奖，这是教育部对常熟市多年来坚持融合教育实践探索的肯定与嘉奖。

目前，常熟特殊教育已经形成了以教育部门为主，残联部门、民政部门、卫生部门和社会力量作补充的特殊教育办学渠道。在下一个阶段，常熟将继续以特殊教育提升计划为引领，在完成九年义务教育的基础上，积极发展残疾儿童学前教育，大力发展以职业教育为主的残疾人高中阶段教育，为重残儿童实施送教上门服务，努力实现提升计划中“全面推进全纳教育，使每一个残疾孩子都能接受合适的教育”的总体目标。

第二章

走向融合教育：问题与挑战

以社会价值多元化为根基的融合教育，认为儿童不应该由于其智力高低、文化背景的差异、身体残障与否以及社会经济地位的优劣而被人为地区分开来，残疾儿童应该在与健全儿童相同的学校环境内得到同等的教育机会。相关研究认为[①]，残疾儿童少年是否能够在普通学校中成功融合，与下面五个因素密切相关：社区和社会是否具有充分的接纳感，学校是否尊重学生的多样性，学校是否充分关注学生的课程需求，学校自身是否具备足够专业的管理水平与教学能力，师资人员的相互支持与合作的意愿。因此，要全面深入地发展好融合教育，既需要政府、社区、学校、家庭等多方面的支持，也需要建立起一个行之有效的融合教育支持保障体系。

一、融合教育发展必须直面的五个关键问题

在国家层面已经有了相关立法和政策支持的情况下，我国融合教育发展必须直面并应对好以下五个关键性问题：高素质教师的问题，课程能否满足特殊学生发展需求的问题，学校的愿景和管理是否与融合教育发展目标保持一致的问题，学校能否充分尊重学生的差异性并将其变成一种教育资源的问题，社区和社会是否形成了对特殊教育充分接纳的氛围的问题。

（一）高素质教师的问题

高素质教师是推进融合教育发展最为关键的因素。一个国家融合教育教师素质的高低与高素质融合教育教师数量的多少，将直接决定这个国家融合教育实践的成效。

我国近三十年颁布的特殊教育相关法规，都对特殊教育教师的专业素

① 昝飞：《融合教育：理想与实践》，上海：华东师范大学出版社，2016年，第11页。

质提出过要求。比如，《残疾人教育条例》[①]（1994）重点强调的是特殊教育教师的职业道德，要求“从事残疾人教育的教师，应当热爱残疾人教育事业，具有社会主义的人道主义精神，关心残疾学生，并掌握残疾人教育的专业知识和技能”。《关于开展残疾儿童少年随班就读工作的试行办法》[②]（1994）则对随班就读的任课教师提出了更为详细的专业要求：“应当遴选热爱残疾学生，思想好、业务水平较高的教师担任。他们应当具备特殊教育基础知识和基本技能，了解随班就读班级教育教学的基本原则和方法。”《教育部关于实施卓越教师培养计划的意见》[③]（2014，以下简称《2014 卓越教师培养计划》）提出，应该“培养一大批师德高尚、专业基础扎实、教育教学能力和自我发展能力突出的高素质专业化中小学教师”，此处的中小学教师包括特殊教育教师。《教育部关于实施卓越教师培养计划 2.0 的意见》[④]（2018，以下简称《2018 卓越教师培养计划》）则提出，应该“培养造就一批教育情怀深厚、专业基础扎实、勇于创新教学、善于综合育人和具有终身学习发展能力的高素质专业化创新型中小学（含幼儿园、中等职业学校、特殊教育学校，下同）教师”。

从以上这些法规、文件中，我们可以提炼出高素质融合教师需要具备的四个特点。

（1）有爱心。在社会尚未真正形成全纳氛围的时期，残疾儿童少年依然要面临社会交往、社会适应、就业压力等种种现实困境，这些现实困境是残疾儿童少年成长过程中的阴影，使得他们更容易形成自卑、自怨、自

---

①《残疾人教育条例》，1994 年 8 月 23 日，http://www.law-lib.com/law/law_view.asp?id=10662。

②《关于开展残疾儿童少年随班就读工作的试行办法》，1994 年 7 月 21 日，http://www.lab_lib.com/law/law-view/asp。

③《教育部关于实施卓越就是培养计划的意见》，2014 年 8 月 18 日，http://www.moe.gov.cn/srcsite/A10/s7011/201408/t20140819_174307.html。

④《教育部关于实施卓越教师培养计划 2.0 的意见》，2018 年 9 月 17 日，http://www.moe.gov.cn/srcsite/A10/s7011/20181010_350998.html。

弃等消极心理。因此，从事融合教育的教师需要比普通教师更多的爱心，才能更好地接纳、理解残疾学生。

（2）有扎实的专业功底。专业功底包括理念层面的功底和技能层面的功底。在理念层面，与普通教师一样，融合教育教师在教育实践中同样需要遵循“以儿童为中心”的教育理念，但在具体实施的过程中，融合教育教师需要考虑更多的限制条件，需要采用更细致的、更具差异化的教学方法和应对策略。在技能层面，仅从基础的师生沟通来说，融合教育教师在与听障学生沟通时，需要有良好的手语、唇语能力；在针对视障学生的教学中，需要有基础的盲文阅读与感受能力。随着现代教育技术的发展和医疗辅助设备的进步，融合教育教师还需要不断更新自己理解、运用新技术和新设备的能力。可以说，扎实的专业基础是融合教育教师实施教育教学工作的关键。

（3）有强烈的教育创新意识。融合教育在全球范围内依然还是一个正在发展中的新理念，这对于特殊教育工作者来讲，既是巨大的挑战，也是难得的机遇。一方面，全世界对于融合教育还没有一个统一的定义，各国以《萨拉曼卡宣言》为指导思想，再“因地制宜”，因此，各国的融合教育实践形式与工作重心都各不相同，这也就意味着，还没有一个可供全世界借鉴的融合教育实践“样板”。另一方面，正因为全世界尚未发展出一套成熟的融合教育思想体系和实践模式，中国的特殊教育工作者才有更多的机会为全球融合教育发展提供我们自己的成功经验与实践智慧。

（4）具有终身学习的意识和能力。融合教育教师需要比普通教育教师有更多元的知识储备，需要有更强的学科交叉应用的能力，《2014 卓越教师培养计划》和《2018 卓越教师培养计划》中对融合教育卓越教师的专业能力要求是“具有复合型知识技能”，因此，一名高素质的融合教育教师必须具有终身学习的意识和能力。“在融合教育体系中，教师需要具备开展评估的技能；为了做到这一点他们需要不断获得职业发展。教师还需要在可能的情况下，与特殊教育工作者、心理学家、社会工作者和医疗专业人员合作；教师可以将这些专家使用的评估方法用于实现教育目的。对教师而言，最重要的合作伙伴是同事、家长和学生，这些人有能力从独特的角度看问题，因此可以就如何帮助所有学习者取得进步提供不同的视角。”①只有具有终身学习的自主意识和能力，融合教育教师才能不断获得职业能力的发展，从而更好地应对融合教育实践当中的种种现实问题。

要想培养出更多高素质的融合教育教师，最基础的工作就是要做好职前培训和在职培训，同时需要不断研究、优化我们的特殊教育教师培养体系和教师教育课程。

（二）课程能否满足特殊学生发展需求的问题

广义上来讲，融合课程是融合学校为实现融合教育目标而选择的教育内容及其进程安排的总和，包括融合学校所教的各门学科和有目的、有计划的教育活动。由此可见，融合课程的内涵非常丰富，至少有以下五点：

（1）融合课程是融合教育目的和培养目标的具体体现。融合课程规定了融合学校“教什么”和“学什么”等基本问题。融合课程内容及其编排顺序，体现的是融合学校对不同时期的残疾学生的成长预期与培养目标的设定，融合课程内容及其编排方式构成了融合教育教学的基本内容体系。

（2）融合课程是融合教育教师从事教育活动的基本依据。教材是最常见，也是使用最多的一种课程载体，融合教育教师需要借助教材来实施教学，从而有计划地引导残疾学生循序渐进地掌握成长必需的知识和技能，形成一定的道德品质和价值观，促进残疾学生身心的发展。与此同时，融

① 联合国教科文组织：《确保教育包容性和公平性指南》，联合国教科文组织出版，2017年，第34页。

合教育教师必须根据课程标准上规定的培养目标，来设定每节课的教学目标，且目标与目标之间需要遵循一定的先后顺序。融合课程是融合教育教师实施融合教育的基本依据，课程本身的质量，以及教师自身对课程的理解和实施能力，直接关系到融合教育教学质量的高低，从而关系到是否能够满足残疾学生发展的需要。

（3）融合课程的教材是残疾学生吸取知识的主要来源。教材是融合教育教师“教”的过程中使用最多的课程载体，对于残疾学生而言，教材也是他们“学”知识的过程中使用最多的课程载体。正是因为有了教育，人类的知识和经验才可能不断传承、积累；也是因为有了教育，今天的学生才可能花极短的时间学习并掌握人类千百年来所积累下来的知识和经验。一代又一代的教育者从这些知识和经验中专门提炼出一些精华，并按儿童的认知发展程度重新处理、有序地编排，于是便有了教材。一般来讲，如果学生能够理解教材编排者的编排意图，能够看懂教材编排背后的逻辑，他们就能更好地学习并理解教材中的知识。

（4）合理的课程设置能够有效地促进残疾学生的个体发展。合理的课程设置一定能够恰当地匹配学生的身心发展规律，一方面，它根据学生的身心发展程度来设定教育目标，又根据教育目标来设置和开发课程；另一方面，课程设置越合理，融合教师的教学目标和教学路径就越明确，而良好的教学质量一定会促进残疾学生的个体发展。

（5）融合课程是评估融合教育教学质量的主要依据和标准。教学质量的评估可以从多方位、多层次来进行。在普通学校，学生的学业成绩是其中的一个重要评估指标。但在融合教育实践时，则更需要把课程看作一个整体来考量，即课程背后的价值观是否“以儿童为中心”，课程中所蕴含的教育目的、教学目标是否合理，教师有没有遵循课程理念和课程内容来实施教学，以及残疾学生是否能从课程中获取必要的知识和技能，从而更好地促进个体身心发展。融合课程是衡量融合教学质量的重要尺度，离开这个“尺度”，我们就无法评定融合教育教学质量的优劣。

与普通学校教师不同的是，融合教育教师的教学是“全天候”的，而且经常要实施个别化教育。因此，融合教育教师还要有为特殊需要学生开发个性化课程的能力，不仅要用残疾学生能接受的方式进行教学，还要根据学生的情况设定不同的教学目标，并对教学内容、方法等进行适当的调整，从而让课程真正满足残疾学生的特殊需要。

（三）学校的愿景和管理是否与融合教育发展目标保持一致的问题

通常来说，学校教育有四大目标领域[①]，它们是：智力目标，包括所有智慧技能的培养和知识面的拓展；职业教育目标，培养学生胜任未来职业的需要，具有经济上的责任感；社会和公民教育目标，帮助学生做好参与复杂社会的准备；个人发展目标，强调个人责任感、才能和自由表达能力的培养。这些目标为学校的教育工作建立起了框架。

基于融合教育理念，我们重新来审视融合学校的教育目标，就会发现以上的四个目标同样适用于融合学校。这样的目标设定对于融合学校的管理者来说，不啻为一个巨大的挑战，因为大多数特殊教育工作者可能还没有更新自己的理念，更没有做好迎接这一挑战的充分准备。即便如此，我们必须直面挑战，迎难而上，因为每天都有新诞生的残疾儿童，残疾儿童少年每时每刻都有成长的需求。作为特殊教育工作者，我们每多取得一点微小的进步，就意味着当下的以及未来的适龄残疾儿童少年都能多一点受益。

因此，对于融合学校的管理者来讲，至少要思考三个层面的问题。

---

① 约翰·I. 古得莱得：《一个称作学校的地方》，苏智欣、胡玲、陈建华，译，上海：华东师范大学出版社，2007年，第44页。

第一，根据融合教育的指导原则描绘学校愿景。《行动纲领》中明确指出了融合教育的指导原则，即“学校应该接纳所有的儿童，而不考虑其身体的、智力的、社会的、情感的、语言的或其他任何条件。这就包括残疾儿童和天才儿童、街头流浪儿和童工、偏远地区或游牧民族的儿童、语言种族或文化方面属于少数民族的儿童，以及其他处于不利处境或边际区域群体的儿童”。《行动纲领》还指出融合学校所面临的挑战，就是要“发展一种能成功地教育所有儿童，包括处境非常不利和严重残疾儿童的儿童中心教育学”，我们可以把这一挑战转换成融合学校自身的愿景，比如，打造一所让所有儿童都能从中受益的融合学校。

第二，根据残疾儿童少年的身心特点设计个别化教育目标。我们需要以学校教育的四大目标领域为框架来安排日常的教育教学工作。与此同时，我们也需要认识到，每一个残疾儿童少年因其身心特点的不同，可能具有不同的成长需要和教育需要。因此，融合学校需要在四大目标的框架中，根据残疾儿童少年的差异化特点，设计多元的、适合每个个体成长需要和教育需要的个别化教育目标。

第三，根据融合教育的发展目标更新学校管理的理念与方法。《行动纲领》指出，“如果地方管理者和学校领导拥有必要的权利并接受过适当的培训，他们就能在使学校更加关心特殊教育需要儿童方面发挥主要的作用。应该请他们开发更为灵活的管理程序，重新调配教学资源，提供多种学习选择，动员儿童之间相互帮助，向有困难的学生提供帮助，并同家长和社区建立密切的关系”。融合学校的管理者必须清晰地认识到，“成功的学校管理依赖于教职员工积极的有创造性的参与，依赖于进行能满足学生需要的有效合作和小组工作”。

未来的学校将都是融合学校，所以，发展融合教育本质上是所有学校的发展和管理的问题，而不能仅考虑残疾儿童少年在融合学校的适应性问题。

（四）学校能否充分尊重学生的差异性并将其变成一种教育资源的问题

我们必须认识到，在世界范围内运行了数百年的双轨制教育体系，使得全球绝大部分教师都形成了一种固化的观念，他们认为只有智力和身体健全的学生才有接受普通教育的必要，认为只有这些健全孩子才有通过教育获得成长的可能，认为只有当前流行的教育教学方法才是有效的，认为如果让残疾学生跟健全学生在一起学习，会对健全学生产生负面影响，等等。融合教育要求人们必须主动打破这种固化的观念。

以“人的差异是正常的”这一人类社会对“人”的最新认识为前提，融合学校应该接纳所有的儿童。当残疾学生与健全学生身处同一所学校、同一个班级学习与生活时，学生个性、能力的差异化就成为学校的常态，学校的所有成员（包括学校管理者、教职工和学生）能否充分理解并尊重这种差异性，是决定该校融合教育质量的重要因素。

融合教育的推行迫使学校、教师、家长和学生自身必须接受并尊重学生的差异性。对于融合教育教师来说，如果要让所有学生成功地进行学习，他们就必须了解班上的每个学生，尊重他们的差异性和多样性，只有这样，教师才能真正从学生生命成长的角度出发，考虑每个学生的特殊需求，从而在具体的教育教学实践中积极地做出改变。对于学校的所有学生来说，他们需要充分认识并理解每个个体的差异性，并树立起真正的“人人平等”的意识。具体来说，先是健全学生树立并开始践行“人人平等”的观念，然后残疾学生才能在这种“人人平等”的教育氛围和教育情境中，体会并习得这种观念，从而真正融入学校的日常生活当中。这样的学校才可以称为真正的融合学校。

除了能够充分尊重学生的个体差异，真正的融合学校还会有意识地把这种差异性变成学校里重要的教育资源。同时，这种融合学校的存在又能有效地改变学校内外人员对残疾学生的歧视性态度，并最终对社区和社会产生积极影响，为建立全纳性社会打下坚实的基础。

事实上，如果我们解决好了前面三个问题，那么，对残疾学生差异性的尊重就是顺理成章的事情——对个体差异的尊重是高素质教师和高水平学校管理者的基本素养，并且在他们的通力合作之下，这种差异性本身也能被开发成优质的课程，变成学校重要的教育资源。

（五）社区和社会是否形成了对特殊个体充分接纳的氛围的问题

《行动纲领》指出，发展融合教育不仅仅是教育行政部门和学校的任务，“它还需要家庭的合作、社区和志愿组织的动员乃至广大公众的支持”。有些国家和地区行动得更早，且已经取得了进展，从它们的实践经验中提炼出以下四点有益的行动建议：

（1）多多寻求残疾学生家长的合作。首先，针对残疾学生的教育是家长和融合教育工作者的共同任务，家长方面的积极态度有益于融合教育的开展。为了承担起作为特殊需要儿童的家长的责任，家长（尤其是父母）需要进行一些必要的相关知识和技能的培训，这种培训既是对残疾学生整个家庭的支持，也为后续的家校协作扫清了障碍。其次，就理解和满足残疾儿童的特殊教育需要而言，他们的父母无疑是融合教育教师最佳的合作伙伴，父母提供的信息应该成为制订个别化教育计划的重要参考依据。

（2）鼓励并支持社区的参与。建设相应的场域或空间，让社区能够更多地参与到特殊教育需要者的教育和培训中来；融合学校把相关的社会实践项目放到社区来开展，充分调动社区自组织的能动性，挖掘社区的潜在作用；社区还可以把支持融合教育发展纳入社区自身的发展规划当中，主动寻求政府和社会的财政支持，从而主动服务于融合学校。

（3）积极发挥志愿者组织的作用，尤其是那些残疾人在其中起重要性影响的组织。志愿者组织的参与可能为融合教育发展带来更多的新思想、新做法。

（4）通过多种渠道不断向公众宣传融合教育。一方面，融合学校需要把自己打造成为向公众宣传融合教育的立体名片，让身在其中的师生、家长，以及周边社区的居民对融合教育的具体做法和可能的成果形成具体的感知。另一方面，借助大众媒介等宣传渠道，向公众宣传融合教育理念，宣传融合学校中的教育实践与教育故事，报道残疾学生成长的励志故事，倡导以积极的态度对待社会中的残疾人，从而在全社会形成充分接纳残疾人的氛围。

二、融合教育发展需要一个支持保障体系

基于对世界各地特殊教育发展状况的观察和研究，有研究者提出：世界特殊教育正在从“缺陷”模式转化为“发展”模式[①]，“发展”模式强调残疾学生只是部分能力的运用与发展受到限制，这种部分能力的限制不一定是永久性，也不是全面的能力缺失。这意味着，如果能够提供其所需要的支持与保障，他们的很多能力都能够获得提升，同时还能挖掘出其他一些未知的潜能。这是从人们对残疾学生成长可能性的认知变迁这一维度来看特殊教育的发展。总的来说，融合教育采取的就是“发展”模式。融合教育强调每个残疾学生都应该享有同等的教育机会，但同等的教育机会并不意味着要求所有学生整齐划一，而是在考虑学生个性发展独特需要的同时尽可能给学生提供成功的机会和目标实现的可能。因此，在这个过程中，支持显得尤为重要。

对于学生个体而言，所谓的“支持”，是指教育工作者通过运用一些资源与策略，增进个体（不论残障与否）的利益，帮助其从整合的工作和生活环境中获得资源、信息和关系，进而使个体的独立性、工作积极性都得到提高。

① 钮文英：《拥抱个别差异的新典范——融合教育》，台北：心理出版社，2008 年，第 21 页。

对于融合教育的发展来讲，所谓的“支持”，是指通过相关的资源和策略的调整，增强融合教育的可行性和可操作性，进而提升融合教育的质量，确保实现有责任的融合。诚如联合国教科文组织在《全纳教育政策指导方针》中所言：全纳教育能否成功建立，取决于所有相关伙伴能否就共同愿景达成共识，并辅之以一些具体步骤将这一愿景转化为现实。向全纳教育转变，是一个循序渐进的过程，这一过程应基于明确阐明的、应对全系统发展的原则，并采用动员社会各阶层参与的跨部门方法。通过政策制订者、教育工作者和其他相关各方的积极协作，地方社区成员，如政治和宗教领袖、地方教育官员和媒体的积极参与，就能减少阻碍全纳教育的障碍。[①]由此可见，对融合教育的支持需要一个“积极协作”的系统，且系统中的“所有相关伙伴”必须认同一个“共同愿景”：为所有学习者提供优质教育，实现全民教育目标。

如前所述，融合教育发展必须直面五个关键性问题，这也就意味着，我们可以通过观察、评估这五个关键性问题的解决情况，来评估整个系统的协作与运行状况。只有在充分考虑现实情况的基础上，建构适宜的融合教育支持体系，才能够有效地促进融合教育质量的提升，确保所有学生身心的健康发展、全面发展，最终将共同愿景转化为现实。

我们可以以不同支持主体所提供的支持内容为基本的划分依据，把特殊（融合）教育支持保障体系中的支持主体大致分为五类，包括政府、学校、家庭、社区、志愿者组织。

（一）政府

政府是指国家进行统治和社会管理的机关，是国家表示意志、发布命

---

① 联合国教科文组织：《全纳教育政策指导方针》，联合国教科文组织出版，2009 年，第 14 页。

令和处理事务的机关。在促进教育改革和发展方面，政府的支持不可或缺。2000年世界教育论坛通过的文件《全民教育：实现我们的集体承诺》（又称《达喀尔行动纲领》）中也明确指出：各国的规划的有效和成功的实施必须有各国政府的强大决心和坚强的领导。

政府对特殊（融合）教育的支持主要体现在其出台的相关法律与政策上。政府制定、颁布的相关法律与政策为特殊（融合）教育的发展提供了至为重要的法律依据和资源保障，也为特殊（融合）教育的实践提供了基本的行动框架和评估标尺。从历年出台的相关法律与政策可以看出，随着经济的发展与社会的进步，中国政府对特殊（融合）教育的重视程度与日俱增，相应的支持力度也在不断加大。

1982年，残疾人受教育问题被正式写入《中华人民共和国宪法》，这意味着，残疾人的受教育权利有了国家根本大法的保障。1986年颁布的《中华人民共和国义务教育法》将残疾儿童教育纳入义务教育范畴。1989年颁布的《关于发展特殊教育的若干意见》将随班就读确立为我国特殊教育的主体形式，这意味着中国政府立法的着眼点已经从过去保障残疾儿童少年受教育的权利，扩展到了发展整个特殊教育体系。1994年国家教育委员会颁布了《关于开展残疾儿童少年随班就读工作的试行办法》，系统论述了残疾儿童少年随班就读工作的基本要求。同年，我国第一部有关残疾人教育的专项法规——《残疾人教育条例》颁布，这意味着“保障残疾人受教育的权利，发展残疾人教育事业”有了系统的法律保障。

在制定和颁布特殊教育相关法律法规的同时，政府也在不断加强特殊教育发展的顶层设计和制度建设。中共中央、国务院于2008年发布的《关于促进残疾人事业发展的意见》①再一次明确了政府在发展残疾人事业当中

①《关于促进残疾人事业发展的意见》，2008年4月5日，http://www.gov.cn/jrzg/2008-04/23/content_952483.htm。

的责任，指出应当“坚持政府主导、社会参与，国家扶持、市场推动”。《中华人民共和国义务教育法》明确将残疾儿童教育纳入义务教育范畴。《纲要（2010—2020年）》将“保障残疾人受教育权利”纳入国家教育发展战略目标，要求“不断扩大随班就读和普通学校特教班规模”。随后，先后出台的两期“特殊教育提升计划”明确将普及残疾儿童少年九年义务教育作为特殊教育发展的总体目标，纳入国家“普九”规划。其中，《第一期提升计划》明确提出“到2016年，全国基本普及残疾儿童少年义务教育，视力、听力、智力残疾儿童少年义务教育入学率达到90%以上”，《第二期提升计划》提出“到2020年，各级各类特殊教育普及水平全面提高，残疾儿童少年义务教育入学率达到95%以上”。2018年，中共中央、国务院印发了《中国教育现代化2035》，从国家长远发展的角度部署了未来15年中国实现教育现代化的战略任务，其中，对特殊（融合）教育的发展任务部署是“办好特殊教育，推进适龄残疾儿童少年教育全覆盖，全面推进融合教育”。

经过中华人民共和国成立后的70余年，特别是改革开放40余年的建设与发展，中国已经基本形成独具特色的特殊教育发展方针、发展格局和特殊教育体系：一是基本形成指导我国特殊教育发展的大政方针，即发展残疾人教育事业，实行普及与提高相结合、以普及为重点的方针，保障义务教育，着重发展职业教育，积极开展学前教育，逐步发展高级中等以上教育；二是基本形成以特殊教育学校为骨干、以随班就读为主体、以送教上门为补充的特殊教育发展格局；三是基本形成学前教育、九年义务教育、高中阶段教育和高等教育相衔接的特殊教育体系。①

发展特殊（融合）教育事业，也离不开政府和社会的财政支持。《行动纲领》第23条也专门提到了“财政”支持的重要性：“政策和财政安排应

① 丁勇：《坚持人民至上 公平优先 育人为本 制度保障——中国共产党重视发展特殊教育的伟大实践和成功经验》，《现代特殊教育》2021年第14期。

该鼓励并促进全纳性学校的发展。”从世界范围内来看，全球各国在发展特殊（融合）教育的过程中都曾经遭遇或正在经历办学条件差、专业人员不足、财政保障不充分等问题。2009 年由教育部等多部门联合发布的《关于进一步加快特殊教育事业发展的意见》[①]从全面实施残疾学生免费义务教育、加强特殊教育学校建设等方面明确了完善特殊教育经费保障机制的工作方向，中央政府承诺“中央财政将继续设立特殊教育补助专款”，并要求地方各级人民政府“要继续设立特殊教育专项补助费并不断提高”。《纲要（2010—2020 年）》从宏观角度对健全特殊教育保障机制提出了如下要求：“加大对特殊教育的投入力度。……加强特殊教育师资队伍建设，采取措施落实特殊教育教师待遇。……加大对家庭经济困难残疾学生的资助力度。逐步实施残疾学生高中阶段免费教育。”相继出台的《第一期提升计划》和《第二期提升计划》明确将义务教育阶段特殊教育学校生均公用经费提至 6000 元以上，并提出“有条件的地区可以根据学校招收重度、多重残疾学生的比例，适当增加年度预算。……各省（区、市）根据残疾学生类别多、程度重、教育成本高等特点，在制定学前、高中阶段和高等教育的生均财政拨款标准时，重点向特殊教育倾斜”。有力的财政保障将积极提升特殊教育学校办学能力，从而促进我国特殊教育事业的加快发展。

2017 年修订的《残疾人教育条例》[②]进一步强调，要加强对残疾人教育的保障和支持，各级人民政府应当按照有关规定安排残疾人教育经费，并将所需经费纳入本级政府预算，残疾人就业保障金可以按规定用于特殊教育学校开展职业教育；学校应当按照国家有关规定对经济困难的残疾学生减免学费和其他费用，并优先给予补助。政府给予的财政支持，一方面将

---

①《关于进一步加快特殊教育事业发展的意见》，2009 年 5 月 7 日，http://www.moe.gov.cn/jzjb_xogk/moe_1777/moe_1778/201410/t2014102/_180368.htm。

②《残疾人教育条例》，2017 年 2 月 1 日，http://www.gov.cn/zhengce/content/2017-02/23/content_5170264.htm。

大大改善特殊教育学校的办学条件，另一方面也为特殊教育师资队伍的专业成长创造了丰富的条件。长远来看，由于办学经费有了充分的保障，未来的特殊教育学校和融合学校一定能够吸引到更多、更优质的特殊教育人才，从而真正全面提升我国特殊教育的质量。

发展特殊（融合）教育事业，需要社会各相关部门的共同参与、通力协作，政府在其中的“主导”作用，更多的是促成协作、形成合力。从各类文件的签发单位就可以直观地看到参与协作主体的多样性，如，《关于进一步加快特殊教育事业发展的意见》的签发单位是教育部、国家发展改革委、民政部、财政部、人力资源社会保障部、卫生部、中央编办和中国残联；《第一期提升计划》和《第二期提升计划》的签发单位是教育部、国家发展改革委、民政部、财政部、人力资源社会保障部、卫生计生委和中国残联。

联合国教科文组织出版的 2005 年全民教育全球监测报告——《全民教育：必须注重教育质量》在分析了多个国家的成功经验后，总结出了其成功背后的三个共同点，其中有两点与政府的支持密切相关，一是政府制定政策的连续性，二是国家层面对教育的高水平承诺。[①]从这个意义上讲，在推动特殊（融合）教育发展方面，中国政府正走在一条通往成功的道路上。

（二）学校

学校是指教育者有计划、有组织地对受教育者进行系统的教育活动的组织机构。学校以影响受教育者的身心发展为直接目标，并最终使受教育者的身心发展达到预定目的。从以上对学校的定义就可以看出，一方面，随着融合教育的发展，学校必然要发生变革，学校变革自身以适应融合教育发展的需求就是学校对融合教育最基础的支持方式；另一方面，当学校

① 联合国教科文组织：《全民教育：必须注重教育质量》，联合国教科文组织出版，2005 年，第 58 页。

主动变革，主动探索满足受教育者需求的新方式，学校就会成为融合教育发展的引领者——这是一种更高级的支持方式。考虑到特殊教育学校和普通融合学校所提供的支持有一定的差异，接下来，我们将分别论述这两种学校能为融合教育发展提供的支持内容。

1. 特殊教育学校对融合教育发展的支持

20 世纪 90 年代之前，我国绝大多数残疾儿童少年只能在特殊教育学校接受教育，此时的特殊教育学校，可以看作专为残疾儿童少年提供教育服务的场所。1994 年联合国教科文组织发表《萨拉曼卡宣言》之后，融合教育进入国际化发展时期，我国也开启了融合教育本土化实践探索：一边努力提升残疾儿童义务教育入学率，一边全面推进融合教育。作为已经具备完整的行政管理、业务管理、设备管理和资料管理体系的高度专业化的特殊教育场所，特殊教育学校对融合教育发展的支持是多方面的，其中，最重要的支持包括：协助普通学校进行残疾儿童评估；支持融合学校的教育教学；支持融合学校教师的专业成长。

（1）协助普通学校进行残疾儿童评估。对残疾儿童开展教育评估，需要专业人士采用专业的方法，借助专业的工具才能完成，在当前我国的特殊教育专业人才和相关设施都比较稀缺的情况下，普通学校需要借助特殊教育学校的力量来开展残疾儿童的教育评估，为接下来制订个别化教育计划提供依据。

（2）支持融合学校的教育教学。我们把残疾学生与健全学生在同一个教室一起接受教育的形式称作随班就读。对于随班就读的残疾学生而言，教师除了按普通教育的要求进行教育外，还要针对残疾学生的特殊需求，为其提供有针对性的特殊教育和服务，包括必要的康复和补偿训练。因此，除了在教育教学之前协助制订个别化教育计划，在教育教学的过程中，特殊教育学校还需要适时为融合学校提供有效的教学策略、学生行为问题的应对方式，必要时还需提供一定的教学技巧或抽离式的教育服务。随班就读一旦缺少特殊教育学校的专业支持，就容易变成随班混读。

（3）支持融合学校教师的专业成长。除了以上两种对融合学校工作的常规支持外，特殊教育学校还能够为融合学校提供教师专业成长服务。一方面，特殊教育学校的专业教师在融合学校进行日常教育教学辅导时，能通过现场示范、课后讨论等形式，有效地促进融合教师的专业成长。另一方面，特殊教育学校还可以为融合学校开设专题讲座，系统地提升融合教师的理论与实践能力。

随着融合教育的发展，部分省市依托特殊教育学校建立了特殊教育指导中心，其中，江苏省明确了要“将特殊教育指导中心建设成为区域特殊教育指导和管理中心、示范性教学教研中心、特殊教育诊断评估中心、特殊需要儿童康复中心、特殊教育发展研究中心和特殊教育师资培训中心”的目标。[①]特殊教育指导中心还需分学段组建融合教育巡回指导团队，承担特殊教育教研和质量管理工作。特殊教育指导中心是融合教育发展到一定阶段自然发展出来的新型组织机构，一方面，它汇聚了特殊教育学校中的专业力量，另一方面，特殊教育指导中心主任由教育行政部门的分管领导担任，这意味着，特殊教育指导中心能够直接借助行政力量，这种创新型组织机构的设立和运行，对于区域融合教育的推进与发展大有帮助。

2. 融合学校对融合教育发展的支持

同时接收残疾学生与健全学生共同就读的学校就可以被称为融合学校。融合学校的最终目的是要实现所有学生的平等发展，让每个孩子在“以学生为中心”的基本教育原则之下享受教育，充分发展每一个生命个体的

①江苏省教育厅：《江苏省第二期特殊教育提升计划（2017—2020 年）》，2017 年 10 月 26 日，http://jyt.jiangsu.gov.cn/art/2017/11/1/art_58359_7499062.html。

潜能。理想状态的融合学校应该有以下特征：每一个学生在学校里都有归属感，每一个学生都被学校里的所有人接受并认可，每一个学生的个性化教育需要都能被了解而且都能尽可能得到满足。在教育过程中，学校中的每个人都在为别人提供支持并且也能得到别人的支持。《行动纲领》指出，融合学校应该遵循一个基本原则：只要可能，所有儿童就应一起学习，而不论他们的困难或差异如何。融合学校必须认识到学生的不同需要并对此作出反应，并通过适当的课程、组织安排、教学策略、资源使用以及与社区的合作，来满足学生不同的学习风格和学习速度，并确保每个人受到高质量的教育。支持和服务应该有一种延续性，以便与每一所学校面临的特殊需要的延续性相吻合。作为融合教育支持体系中的重要支持力量，融合学校可以提供如下三项支持内容：

（1）组织管理的支持。"认识到学生的不同需要"需要一个过程，融合学校的行政管理层必须首先形成共识，有意识地设计促成"所有儿童在一起学习"的教育方案，然后坚定不移地推行，最终的目标是实现学校全员的认知升级。这些教育方案包括：成立一个由行政管理人员、教学管理人员、融合班级教师和家长代表构成的融合教育支持小组，在行政与执行层面共同推进学校融合教育的开展；鼓励普通教师参与到融合教育支持行动中来，不断壮大融合教师队伍；为学校融合教育的开展争取更多资源，比如，为融合教育资源中心争取更多的经费与设备，为融合教师争取更多的福利，主动争取更多的融合教育专业化指导，等等。

（2）教育教学的支持。融合学校必须主动开展教育教学上的变革，才能更好地应对每个学生的不同需求，从而让所有学生参与到学习过程中来，否则，随班就读就只能是随班混读。融合学校首先需要从物理层面支持所有学生参与到学校生活中来，比如，清除学校物理环境的障碍，让每个学生都能在"无障碍"的环境中生活、成长；清除学校课程设计、课程教学中的障碍，让每个学生都能在“无障碍”的课程中学习、成长。其次，融合学校还要“通过适当的课程、组织安排、教学策略……来满足学生不同的学习风格和学习速度，并确保每个人受到高质量的教育”。在集体教学的基础上，教师还需要开展自然、和谐、无痕的个别化教学，在必要的情况下，残疾学生还应该“受到他们所需要的任何额外的帮助，以确保他们受到有效的教育”，最终做到使不同层次的学生都能学有所得。再次，融合学校应该采取更加多元的评估标准和评估方法，来评估每个学生的日常表现与成长，这就意味着，学校需要为学生创造更多的自我展现的机会与平台。学生展示自我的机会越多、平台越多，他们的潜能被激发、被看见的概率就越大。

（3）融合氛围的支持。融合学校一般可以从以下三个层面来打造浓厚的融合氛围。首先是学校行政管理层达成共识，反复宣讲，并亲身示范，这是一种行政引领。其次是融合教育教师态度的转变与技能的提升，直接结果就是残疾学生身上发生了诸多“看得见”的改变，这是一种专业引领。最后是全校融合氛围的打造，这是一项长期工程。学校通过不断加强融合文化建设，形成友爱、互助、合作的良好班风和校风，最终实现学校层面的全面融合，而这种全面融合的氛围将通过家长的口耳相传、媒体的宣传以及政府层面的表彰，逐步对学校周边的社区乃至整个社会产生积极影响。

（三）家庭

在融合教育发展方面，残疾儿童家庭发挥了重要的推动作用，他们一度是融合教育发展最主动、最积极的推动者与参与者。随着融合教育进入国际化发展阶段，越来越多的家庭参与到融合教育发展的进程中来，残疾儿童家庭不再是这条道路上的“孤独前行者”。家庭是儿童生命成长最重要的场所，是儿童生活向学校和社区扩展的主要桥梁，是儿童走向社会化的第一阵地。家庭方面的积极态度和支持力量将大大有益于融合教育的开展。

总的来说，家庭可以从以下三个方面来支持融合教育的发展。

1. 残疾儿童家庭通过充分接纳、尊重与理解残疾儿童的特殊需求，支持融合教育的发展

通常情况下，当父母得知自己的孩子身心方面存在某种障碍时，常常会陷入失落、自责、懊恼等负面情绪之中。如果父母没有及时调适好自己的心理和应对方式，整个家庭将长期笼罩在阴霾之中，而这种家庭氛围又会导致整个家庭负面情绪的持续积累，并对残疾儿童的身心发展带来负面影响。首先，残疾儿童家庭必须明确，接受义务教育是残疾儿童少年的基本权利，同时，保障残疾儿童少年接受义务教育，是家长的基本责任和法律义务。换言之，父母不允许或阻碍残疾儿童少年接受教育是违反法律的行为。其次，残疾儿童的部分身心障碍导致他们在成长与发展过程中有一些特殊需求，但这并不意味着“缺陷”是全面的、永久性的，我们必须看到残疾儿童未来发展的可能性，才能接纳、正视并通过各种方式去满足他们的特殊需求，从而真正促进他们的身心发展。最后，与所有健全儿童一样，残疾儿童只有在一种轻松愉快的家庭氛围中，才能真正实现自由、快乐地成长，这也是家庭融合的一种表现。残疾儿童只有先在家庭中真正体验到“融合”生活，他们才有足够的勇气走向学校与社会的“融合”生活。换个角度，我们也可以说，家庭的“融合”其实是在为社会的“融合”创造一种示范。

在家庭中创设真正的“融合”生活，需要家长积极主动地做出改变。一方面，家长可以通过主动学习相关知识与技能，了解残疾儿童的身心发展特点与可能存在的特殊需求，掌握与残疾儿童沟通和相处的有效方式方法，科学合理地制订残疾儿童家庭教育方案。另一方面，家长也可以主动寻求一些外部支持，包括特殊教育专业人士、医护专业人士以及有相同经历的家长的支持，通过与他们的沟通与交流，获得更多的专业建议和方法，并获取各种支持与鼓励，共同为孩子的发展创造更多空间。

2. 良好的家庭教育支持

《行动纲领》指出：“特殊教育需要儿童的教育是家长和专业人员的共同任务。家长方面的积极态度有益于学校和社会的融合。”家长方面的积极态度，一方面表现在对残疾儿童身心问题的“早发现，早干预”，问题发现得越早，干预得越早，对于残疾儿童未来的身心成长越有利。另一方面表现在积极的家庭教育措施之中，良好的家庭教育有益于残疾儿童更加顺利地融入学校，融入社会。

但是，要想提升残疾儿童家庭的家庭教育能力，仅仅依靠家长的主观意愿是远远不够的，残疾儿童的父母需要外界的帮助，尤其是专业的特殊教育工作者和专业的医护人员的帮助。这些专业人群在知识与技能上的支持，有利于残疾儿童的父母获得更多基础而又科学的育儿知识和护理方法，在这些必要知识与技能的加持下，残疾儿童家庭对融合教育发展的支持才会更扎实、更有力。

3. 家校合作上的支持

《行动纲领》中给学校管理者提过一条建议，学校“应该邀请家长和志愿人员积极参与学校工作”。在谈及“家长合作”时，《行动纲领》指出：“就儿童的特殊教育需要而言，他们的父母是最佳的合作伙伴”“应该在学校管理人员、教师与家长之间建立一种合作的支持性的伙伴关系，而且家长应被看作是决策过程的积极伙伴。应该鼓励家长参与家庭和学校的各种教育活动（从中他们可以观察到有效的技术并学会如何组织课外活动），并监督和支持其子女的学习。”根据《行动纲领》中的行动建议和已有的特殊教育实践经验，我们总结出家庭在家校合作上可以做出如下这些支持：

首先，残疾儿童家庭应该在观念上重建与学校的关系，要认识到家长与学校是平等的、“合作的支持性的伙伴关系”。其次，当受到学校或特殊教育专业人士的邀约时，家长应积极配合参与，一方面，家长可以从学校或专业人士那里获取更多的专业知识和专业技能，另一方面，家长也可以与学校或专业人士沟通残疾儿童最近成长中的一些变化与困惑。最后，家长需要积极参与到残疾儿童成长的过程中来，从家长的角度提出需求与顾虑，为学校制订个别化教育方案提供足够的一手资讯，“在可能的情况下，应该让这些父母选择他们希望其子女得到的教育类别”。总的来说，家长既是残疾儿童个别化教育方案的制定者，也是决策者、实施者与教育方案持续的共同修订者。

根据《行动纲领》的建议，在融合教育发展到一定阶段时，“各国政府还应该通过有关家长权利的政策规定和立法……推动各家长协会的发展，并让协会的代表参与设计和实施旨在改善其子女的教育的计划”。此时，家庭对融合教育发展的支持便发展成为家庭团体的支持，通过团体提供系统性支持，这样的支持力量是可持续的且会不断壮大的。

（四）社区

社区通常指聚居在一定地域范围内的人们所组成的社会生活共同体。一般而言，“社区”不属于一种正式的行政或地理区划通名，主要泛指由地缘联系而形成的互动群体。社区主要包含以下要素：具有一定社会利益联系、参与共同社会生活的、并达到一定规模的人群；有一套相互配合的社会组织和生活服务机构；有比较明确的地域界限；生活在其中的社会成员在感情和心理上具有一定的认同感和归属感。社区概念有很大弹性，小到村庄、居委会辖区，大到县（区）、市、省、国家甚至国际社会，都可能被称为社区。[①]根据《民政部关于在全国推进城市社区建设的意见》，目前中国城市

① 高鉴国主编：《社区工作》，济南：山东人民出版社，2013年，第1-2页。

社区的范围一般指经过社区体制改革后作了规模调整的居民委员会辖区。

可以说，家庭是社区重要的组成部分，如果一个社区中的所有家庭都形成了融合共识，那么，这个社区就很容易打造融合文化。因此，当我们谈论社区对融合教育发展可以有哪些支持时，首先可以去思考：社区可以向哪些家庭借力？那些在融合方面做得比较好的家庭，是社区可以借力的家庭。

不过，相比于家庭，社区的结构更加复杂，更加多元，它是具备完整意义的社会实体，是宏观社会在一个区域的缩影。在推动融合教育发展方面，社区主要能提供以下四个方面的支持：

1. 创设融合的环境

这里的环境既包括物理意义的环境，也包括文化意义的环境。创设物理意义的融合环境，主要指的是在社区内创设一个无障碍环境。无障碍环境指的是一个既可通行无阻而又易于接近的理想环境，包括物质环境、信息和交流的无障碍。物质环境无障碍主要是要求城市道路、公共建筑物和居住区的规划、设计、建设应方便残疾人通行和使用，如城市道路应满足坐轮椅者、拄拐杖者通行和方便视力残疾者通行，建筑物应考虑在出入口、地面、电梯、扶手、厕所、房间、柜台等区域设置残疾人可使用的相应设施和方便残疾人通行等。信息和交流的无障碍主要是要求公共传媒应使听力言语和视力残疾者能够无障碍地获得信息并进行交流，如影视作品、电视节目的字幕和解说，电视手语，盲人有声读物，等等。

我国无障碍环境的建设是从无障碍设计规范的提出与制定开始的。1985 年 3 月，在"残疾人与社会环境研讨会"上，中国残疾人福利基金会、北京市残疾人协会、北京市建筑设计院联合发出了"为残疾人创造便利的生活环境"的倡议。1986 年 7 月，建设部、民政部、中国残疾人福利基金会共同编制了我国第一部《方便残疾人使用的城市道路和建筑物设计规范

（试行）》，于 1989 年 4 月 1 日颁布实施。《第一期提升计划》《第二期提升计划》和《特殊教育学校建设标准》中都明确提出，要改善特殊教育办学条件，加强残疾学生学习和生活无障碍设施建设，等等。这些措施为残疾学生顺利完成学业、实现成长成才，提供了有力支持。随着经济发展和社会进步，我国的无障碍环境建设取得了一定的成绩，但同残疾人的需求及发达国家和地区的情况相比，我国的无障碍环境建设还较为落后，有较大差距。

创设文化意义的融合环境，主要指的是在社区里打造一种接纳、理解、支持与互助的融合文化。这就要求，一方面，社区应积极关注和支持社区中的特殊个体，秉持尊重个体差异、人人平等的理念，引导社区所有成员学习如何与特殊个体建立连接，把整个社区建设成为一个相互学习、相互帮助、相互支持的团体。另一方面，社区也可以为融合教育理念宣传、融合学校残疾学生风采展示等提供平台，提升社区民众对融合文化的接纳与理解，倡导更多的社区成员参与到融合文化的建设中来。

政府层面也倡导加强对全体公民进行人道主义教育、帮困济残的公德教育和社会主义核心价值观教育，倡导社区积极开展形式多样的助残帮扶志愿活动，加强对优秀特殊教育工作者的表彰、宣传和奖励，其最终目的是在全社会形成共同关心、尊重和爱护特殊个体，支持融合教育发展的良好社会氛围。

2. 丰富社区融合资源

通过无障碍环境的建设，社区的图书馆、医院、超市、工厂等都可以变成融合教育实施的场所和宣传融合教育文化的阵地。同时，我们还应该看到，社区人员构成的复杂性与多元性，使得社区拥有很大的融合教育服务潜力，如学生、离退休健康人员以及有较多闲暇的在职人员都可以成为支持融合教育的人力资源，社区中的超市、工厂等也可以为残疾人提供一定的就业岗位，社区中的广场、宣传橱窗则可以成为宣传融合教育的重要平台与空间。

与此同时，社区还可以联合融合学校、特殊教育学校，在社区内开设社区职业训练中心，提升残疾人的职业技能。通过社区文娱活动中心，丰富残疾学生的文化休闲生活。

社区还有一个天然的优势，那就是它可以更好地促进残疾儿童家庭、融合学校和全社会的联结，从而真正构建一个立体的融合社会。

3. 发展社区康复事业

1976 年，世界卫生组织提出了一种新的、有效的、经济的康复途径，即社区康复（Community-based Rehabilitation，简称 CBR）。它顺应了全球疾病患者的康复需求，在发展中国家得到了迅速发展。社区康复主要是利用本社区的资源，因地制宜地开展社区和家庭的康复。2004 年，世界卫生组织、联合国教科文组织、国际劳工组织更新了社区康复的定义：社区康复是属于社区发展范畴内的一项战略性计划，它的目的是促进所有残疾人得到康复，享受均等的机会，成为社会的平等的一员。社区康复的实施，要依靠残疾人自己和他们的家属、所在社区，以及相应的卫生部门、教育部门、劳动就业部门和社会服务部门等的共同努力。这一定义清楚地说明了社区康复的性质、目的和依靠力量，也说明了承担社区康复工作是现代社区发展的基本趋势。

以《残疾人权利公约》为基础所制定的社区康复原则一共有八条，分别是：① 尊重固有尊严和个人自主，包括自由做出自己的选择，以及个人的自立。② 不歧视。③ 充分和切实地参与和融入社会。④ 尊重差异，接受残疾人是人的多样性的一部分和人类的一分子。⑤ 机会均等。⑥ 无障碍。⑦ 男女平等。⑧ 尊重残疾儿童逐渐发展的能力并尊重残疾儿童保持其身份特性的权利。

社区康复所要达到的基本目标是：① 使残疾人身心得到康复，通过康复训练和给予辅助用具用品使残疾人生活能够自理，能够在周围活动（包括步行或用轮椅代步），能够与人互相沟通和交流。② 使残疾人能享受均等的机会，主要是指平等地享受入学和就业的机会。学龄残疾儿童能够上学，青壮残疾人在力所能及范围内能够就业。③ 使残疾人能成为社会平等的一员，融入社会，不受歧视，不受孤立和隔离，不与社会分开，残疾人能得到必要的方便条件和支持以参加社会生活。

《行动纲领》也指出：政府“应该发展基于社区的康复事业，以作为支持特殊教育需要者接受有效的教育和培训的全球战略的一部分。基于社区的康复事业应被看作旨在使所有残疾人康复、机会平等和社会融合的社区发展的一种具体方法，并应通过残疾人本人、其家庭和社区以及适当的教育、保健、职业和福利机构的共同努力予以实施”。

由此可见，社区康复是融合理念在社区中的系统化落地实践，是发展融合社会的基石。

4. 建立社区融合教育监督体系

前文谈到，残疾儿童家庭既是残疾儿童教育的实施者，也是个别化教育计划的决策者，同时还是融合教育发展的推动者。从宏观的视角来看，社区在融合教育发展中也扮演了同样的多重身份，一方面，社区通过无障碍环境建设，打造融合文化，发展社区康复事业，发挥了社区在融合教育发展中的支持力量；另一方面，社区也可以通过多种形式的宣传、呼吁，让更多人加入融合社会的建设进程。此外，当社区发展到一定阶段，社区还可以建立独立的融合教育监督体系，从融合教育落地实践单元的视角，对残疾儿童家庭、融合学校乃至行政官员实施监督与问责。联合国教科文组织发布的《全纳教育政策指导方针》指出：如果社区能够通过正规的体制机制，就面向所有儿童的全纳教育对教师、行政管理者和政府官员推行问责制，社会成员将对学校改进更感兴趣，也更愿为此项任务承付更多的资源。[①]

（五）志愿者组织

《行动纲领》指出：“由于志愿者协会和全国性非政府组织有更多的行动自由并能更有准备地对所表达的需要作出回应，它们在发展新思想和开拓革新性表达方法方面应得到支持。这些协会和组织可以起到革新者和催化剂的作用，并能将各种计划推广至社区。”因此，“应该邀请残疾人组织，尤其是那些残疾人在其中起决定性影响的组织，积极参与确定各种需要，表达对特殊需要教育行动优先项目的观点，管理各种服务，评价成绩并倡导变革”。简言之，一方面，志愿者组织本身就是融合教育发展中的一股重要的社会支持力量，另一方面，志愿者组织的参与可以为融合教育发展带来更多的新思想、新做法。

总的来说，一个适宜融合教育发展的支持保障体系，也是一个能为残疾儿童提供及时的、专业的、有针对性的服务的体系，是一个在不同层面组建了专门的特殊教育服务团队、建立了相关医护机构、配备了足够的专业人员，并能够按照个体的特殊需要实时响应的专业而又灵活的行动体系。因此，一方面，这个支持体系需要政府来主导，根据政府制定的大方向、大蓝图向前推进；另一方面，作为支持体系中的实践主体，学校、家庭、社区和志愿者组织应该充分沟通、相互协作，通过有效的联动机制，形成最大的合力，从而最大程度地促进所有学生身心的健康发展、全面发展，并最终实现全社会的融合。

---

① 联合国教科文组织：《全纳教育政策指导方针》，联合国教科文组织出版，2009年，第16页。

三、常熟方案：构建以特殊教育指导中心为“枢纽”的融合教育支持保障体系

1989 年 5 月国家教育委员会等部门发布的《关于发展特殊教育若干意见》指出，“在当前和今后一个时期”，我国特殊教育发展应贯彻的基本原则是“普及与提高相结合，以普及为重点”。1994 年，国家教育委员会发布了《关于开展残疾儿童少年随班就读工作的试行办法》，明确指出，“开展残疾儿童少年随班就读工作，是发展和普及我国残疾儿童少年义务教育的一个主要办学形式，是建立适合我国国情的残疾儿童少年义务教育新格局的需要”。

早在 2004 年，常熟市就创立了特殊教育指导中心这一具有综合功能并承担行政管理、师资培训、业务指导、技术支持的管理系统。随后，常熟市逐渐探索出了一种以特殊教育指导中心为“枢纽”，以特殊教育学校为“龙头”，以随班就读和特教班为主体，以学前早期教育和高中职业技术教育为重点的特殊教育发展思路。这一创造性的机构设立与功能设置，为常熟市的融合教育实践与发展奠定了有效运行之基。

（一）常熟市特殊教育指导中心的职能变迁

所谓随班就读，指的是残疾学生在普通学校和健全学生一起接受教育的一种特殊教育形式。如果残疾学生不是在普通学校的普通班接受教育，就不能称之为随班就读，但是，如果身在普通班的残疾学生并没有得到满足他们需要的特殊教育，我们一般把这种无效的随班就读形式称作“肢体性随班”或“社会性随班”。

肢体性随班指的是残疾学生虽然身体在普通班级里，但并没有得到相应的适合其发展需求的教育服务；社会性随班指的是残疾学生和健全学生虽然能在一起接触、交往、参与活动，但未能得到他们成长所需的补偿性

教育。总的来说，这两种“随班”形式只实现了物理层面的“随班”，并没有给到残疾学生成长所需的特殊教育，并未做到真正的“就读”。

我国把随班就读作为这一阶段特殊教育发展的主体形式是一种符合当时国情的选择，原因有以下三点：第一，随班就读投资少，见效快，有利于普及残疾儿童的义务教育；第二，随班就读方便残疾儿童就近入学，符合家庭的实际需要，易为家长接受；第三，从理论上来讲，随班就读有利于残疾学生和健全学生的“一体化”，实现教育融合，从而提高残疾学生的社会适应能力。

但与此同时，我们也需要看到，由于普通学校残疾学生的安置及教学管理都是由所在学校自行安排，对于这些普通学校来讲，必然要面对一些现实问题：第一，普通学校教师融合教育理念不到位；第二，学校缺乏开展融合教育所需的相关资源配置；第三，普通教师缺乏应对残疾学生的专业能力，他们亟须的专业支持尚未到位；第四，健全学生尚未形成接纳残疾学生的观念、态度和行为。因此，随班就读容易流于形式，导致“随班混读”“随班就座”的现象，这样的特殊教育效果距离“实现我国特殊教育水平的提高”这一目标还有较大的差距。而且，随着时间的推移，家庭和社会都未能看到“随班就读”对于残疾学生身心成长的有效促进，这反过来又会抑制残疾学生家庭选择“随班就读”的积极性，以及社会对“随班就读”工作的认可度。

在这种特殊教育发展的大背景下，2004 年 2 月，为了更好地应对和解决特殊教育发展中的现实问题，切实提高残疾儿童少年的入学率以及特殊教育质量，常熟市教育局决定依托特殊教育学校建立专门的特殊教育指导中心——常熟市特殊教育指导中心。

常熟市特殊教育指导中心组成人员有教育局分管副局长、教育局基教科分管副科长、教育局教研室分管副主任、教育局教研室特殊教育教研员、特殊教育学校校长和副校长、特殊教育专家、特殊教育巡回老师等。

常熟市特殊教育指导中心主要职能如下：

① 承担全市有特教对象的普通学校老师的短期培训工作。

② 指导全市特教班教师的教育和教学研究工作。

③ 指导全市普通班中的“随班就读”工作，进行巡回辅导活动。

④ 指导全市各学校健全残疾儿童受教育档案。

⑤ 健全全市随班就读管理工作领导小组。

⑥ 指导全市进行特殊教育的“地方教材”建设。

⑦ 做好全市学校随班就读对象的鉴定和复查工作。

⑧ 承担残疾儿童家长、学生的辅导、咨询工作。

从大的趋势来说，特殊教育指导中心是融合教育发展到一定阶段自然发展出来的新型组织机构，其出现有一种必然性。但是，具体到常熟市特殊教育指导中心——这是中国第一家特殊教育指导中心，我们需要深入挖掘其创设与运行过程中所蕴含的问题意识与实践智慧。常熟市在特殊教育发展中所遭遇的问题具有很大的普遍性，也即是说，全中国的县（区）在推动特殊教育发展的过程上，也将或者已经遭遇到了这些问题。建立特殊教育指导中心，是常熟市教育局为了应对与解决本市特殊教育发展中的问题主动开展的一种本土化创新探索，随后的实践也证明，常熟市特殊教育指导中心有效地促进了全市特殊教育的发展。

随着工作的推进，常熟市特殊教育指导中心的职能也在不断发生着变化。总体来说，《关于建立“常熟市特殊教育指导中心”的决定》（常教〔2004〕5号）中明确的“主要职能”成为常熟市特殊教育指导中心的基础职能。为了更好地推动特殊教育的发展，常熟市的教育行政部门不断扩展常熟市特殊教育指导中心的职能范围。

2006年4月，常熟市教育局下发文件《关于调整“常熟市特殊教育指导中心”人员的通知》(常教〔2006〕15 号),在常熟市特殊教育学校内设立常熟市特殊教育指导中心办公室,并明确了办公室负责人,常熟市特殊教育指导中心开始有计划地开展工作。4 月 14 日,常熟市第一期随班就读教师培训班开班,这意味着常熟向“提高特殊教育质量”这一目标迈出了坚实的第一步。

经过几年的实践探索,常熟市特殊教育指导中心的工作机制日渐成熟,常熟特殊教育也已经从过去只能依靠特殊教育学校的单一特殊教育服务模式,发展为以特殊教育指导中心为“枢纽”、以特殊教育学校为龙头、众多特教班和随班就读同步运行的新型模式。

为了规范特教班建设,通过提升特教班的办班水准切实提高随班就读质量,2009 年,常熟市教育局发布了《常熟市乡镇特教班标准化建设方案》,在全市范围内开展“标准化特教班”建设,主要从人员配备、设施设备配备、教育教学工作等方面对相关学校提出明确要求,将开办起来的特教班加以规范管理,同时也为即将开办的特教班建立规则、树立标杆。2009 年和 2010 年,常熟市教育局还先后出台了《常熟市中小学残疾学生随班就读管理工作基本要求》和《常熟市中小学残疾学生随班就读管理细则》,这意味着常熟市的随班就读工作正式进入到规范化管理阶段。

2010 年,苏州市教育局相关领导经过调研和评估,认为常熟市特殊教育的实践经验值得在苏州市全市推广,并决定在常熟市召开一次特殊教育现场会。会议召开之前,苏州市教育局在《常熟市乡镇特教班标准化建设方案》的基础上制定了《苏州市普通中小学附设特教班办班标准(试行)》,该标准包含了“组织与管理”“师资与设备”“教学与训练”“评价与效果”四个维度共二十条内容。相比于《常熟市乡镇特教班标准化建设方案》,《苏州市普通中小学附设特教班办班标准(试行)》显得更加系统,更加完备,但从实际工作的角度来看,后者要求偏高,鉴于当时部分普通学校管理者的理念还没有更新到位，要想按照这个标准在苏州市全市建设和推广“特教班”，难度很大。

2011 年，常熟市特殊教育指导中心根据本地特教班的发展情况和实际达成情况，在“苏州标准”的基础上，修订出了一个更适合常熟特教班发展的办班标准，即《常熟市普通中小学附设特教班办班标准（试行）》。相比于 2009 年的《常熟市乡镇特教班标准化建设方案》，2011 年的这个新“标准”要求更高，也更具体，便于各校特教班建设工作的落地实施。到 2013 年底，常熟市全市中小学附设的特教班全部实现了“标准化”。

2015 年 1 月，常熟市教育局和常熟市残疾人联合会联合发布的《关于“重度残疾儿童提供教育服务”的意见》扩展了特殊教育指导中心的职能，要求“市特殊教育指导中心负责全市送教服务对象的管理和协调工作”。

2016 年 3 月，常熟市教育局发布的《关于开展“重度残疾儿童送教上门服务”的工作意见》重申了特殊教育指导中心“负责全市送教上门服务对象的管理和协调工作”这一新职能，并对“管理和协调工作”做了具体部署，一是要求指导中心根据送教对象建立“一人一案”；一是要求“市特殊教育指导中心要认真做好培训指导工作，并开展检查落实工作情况，把‘送教上门’服务工作真正落实到位”。

2018 年 1 月，常熟市教育局和常熟市残疾人联合会联合发布了《常熟市特殊教育三年发展规划（2018—2020 年）》，明确指出未来三年常熟市特殊教育发展的指导思想为“坚持政府主导下以指导中心负主责的统筹协调、协同作战的融合教育管理体制和运行机制”。这至少说明了两点：第一，常熟市特殊教育指导中心在推进常熟市的特殊教育发展方面所做的工作成效明显，并得到了政府部门的充分认可；第二，常熟市特殊教育指导中心已经形成了较为成熟的人员架构与工作模式。至此，常熟市特殊教育指导中心从过去行使点状的行政管理和业务指导职能，升级为对全市的融合教育管理体制和运行机制“负主责”。

我们可以从常熟市“特教班”的发展历程一窥常熟市特殊教育指导中心的工作成效。2004 年之前，整个常熟市仅有 3 个特教班。2004 年，常熟市成立了特殊教育指导中心，全面负责全市特教班建设。2005 年，全市新增 5 个特教班。2008 年增至 18 个特教班。常熟市以特殊教育指导中心为“枢纽”的融合教育运行与发展模式初具雏形。

从 2009 年开始，常熟市开启了标准化特教班建设，要求有 5 个残疾儿童的学校必须建立特教班，每年进行评比，符合条件的由教育局发文命名。2010 年，全市特教班数量增至 32 个，实现了乡镇中心小学特教班全覆盖。同年，常熟市初中阶段第一个特教班在常熟市外国语初级中学建立。2012 年，全市特教班数量增至 58 个，实现了乡镇中小学特教班全覆盖。

2012 年，常熟市的这种特殊教育发展模式开始在全市中小学和外省市部分地区进行辐射推广。为了顺应国家政策导向，进一步做好特殊教育的普及工作，同时积极与国际特殊教育接轨，2012 年 9 月，常熟市教育局下发了《关于在义务教育阶段学校普遍建立“资源教室”的通知》，要求“在义务教育阶段尚未建立‘特教班’的学校，都应建立‘资源教室’，并将现有的特教班教室更名为‘资源教室’”。2017 年，全市普通中小学建立了 84 个资源教室，实现了城乡义务教育阶段全覆盖。

随着特教班数量的不断增长，融合教育理念的不断增强，融合教育方式的不断丰富，2021 年，常熟市已有 145 个随班就读教育点，126 家融合教育资源中心，残疾学生在普通中小学就读比例为 81%，普校优先、全情接纳正在由理想成为现实。

（二）常熟市特殊教育指导中心的运行模式

常熟市特殊教育指导中心打破了传统特殊教育封闭的运行模式，并在实践探索的过程中，逐渐演化成为一个集区域融合教育指导和管理、示范性教学教研、融合教育诊断评估、残疾儿童康复、融合教育发展研究和融合教育师资培训中心为一体的“枢纽”。在具体工作中，常熟市特殊教育指导中心以更公平、更优质为目标，以融合教育为核心理念，始终坚持普通学校优先安置的原则，全情接纳残疾儿童，以专业化、规范性为指向，形成三大运行模式：行政管理模式、业务指导模式、社会服务模式。

1. 行政管理模式

融合教育的行政管理主要来自主管教育的行政部门和学校内部的行政团队。主管教育的行政部门从上对下的推动与协助，是学校和教师实施融合教育的支柱，是促进融合学校发展变革的主要动力。“坚持政府主导”这一基本原则，意味着主管教育的行政部门应该给予融合学校理念的引导、经费的补助、工作上的支持与协助，并且应当充当监督评鉴的角色，才能保障融合教育的有序开展。

常熟市特殊教育指导中心一般由教育局分管局长任组长，教育局基教科分管副科长、教育局教研室分管副主任、教育局教研室特殊教育教研员、特殊教育学校校长、特殊教育巡回教师等为组员，下设指导中心办公室，办公室安排 3 名专职人员，负责全市特殊教育的发展、规划、培训、咨询、管理、巡回服务等。教育局分管局长任组长，一方面是“坚持政府主导”的发展原则，另一方面也可以更直接地从主管教育的行政部门那里借力，以便更有效地推进融合教育工作的开展。由此可见，常熟市特殊教育指导中心具有明显的“行政”属性。

常熟市特殊教育指导中心每学期初都要召开一次全体成员会议，研究布置常熟市的年度特殊教育工作计划和本学期的具体工作目标，并明确各成员所负责的工作范围和应尽的职责，从而整体推进全市特殊教育工作的开展。

在学校层面，根据《常熟市普通中小学附设特教班办班标准（试行）》，各中小学、幼儿园必须成立“由校级领导全面负责的特教工作领导小组”，常熟市特殊教育指导中心对此做了进一步明确的说明：特殊教育工作领导小组应由校长担任组长，教导处、德育处、总务处人员及特教班和随班就读教师代表为成员，具体负责本校（园）的特殊教育工作规划、教学工作的开展、课题研究、家长宣传、残疾儿童档案管理等，把残疾儿童的教学、管理纳入普通学校（幼儿园）的常规管理。各校需根据特殊教育指导中心的工作安排，定期组织教育教学研讨活动。指导中心负责对特殊教育工作领导小组的工作开展检查与评估。

同时，特殊教育指导中心还制定了《普通中小学特殊教育管理员工作职责》，要求“普通中小学都应设立特殊教育管理员”，具体负责本校残疾学生的认定、特教班建设、随班就读教学管理、特殊教育档案管理、特殊教育教师工作考核等工作，特殊教育管理员在业务上直接接受特殊教育指导中心的指导。尚无条件开办特教班的中小学，需积极筹备建立特殊教育辅导室，开展对残疾学生的个别辅导工作，并明确 1 ~ 2 名通过专业培训的资源教师。由此形成了特殊教育指导中心在工作层面上“小事找管理员，大事找校长”的行政管理系统（见图 2.1）。

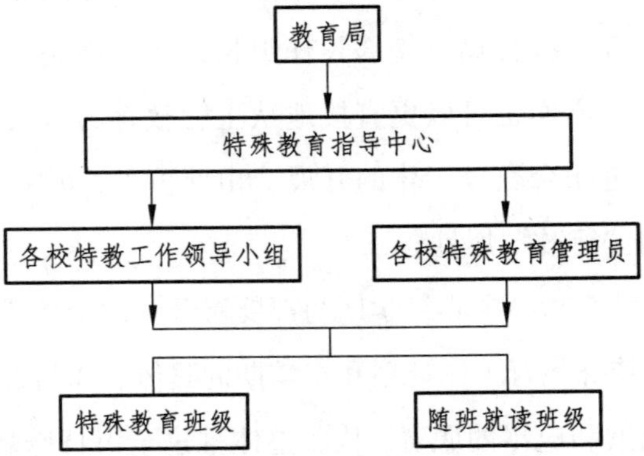

图 2.1　常熟市随班就读行政管理系统图

常熟市普通中小学特殊教育管理员工作职责

为加强特殊教育工作的管理，普通中小学都应设立特殊教育管理员。特殊教育管理员的工作职责如下：

1. 特殊教育管理员，一般应由分管教导或德育的主任担任，并具有骨干教师相应的资格。

2. 热爱特殊教育、关心残疾学生，努力为所在学校的残疾学生服务。

3. 认真学习特殊教育理论、积极开展残疾学生的随班就读研究，指导所在学校随班就读工作。

4. 完成上级部门对特殊教育的工作要求，具体负责管理本校残疾学生的教学管理工作。

5. 要定期深入了解特教班的教育、教学情况，新学期时及时调整特教班教学对象，做好特教资料的整理和归档工作。

6. 定期了解特教班专任教师的工作和资源教室的教学设备需求情况，确保满足特殊需要学生的教学需要。

7. 定期组织随班就读教师进行教学研讨活动，提高本校随班就读教育质量。

8. 及时和特殊教育指导中心联系，完成下达的工作任务。

常熟市共有 14 个乡镇（街道），根据地理位置，常熟市特殊教育指导中心要求每 2 ~ 3 个镇或每 3 ~ 4 所中心校建立一个区域性的特殊教育协作区，由一名热爱特殊教育、教学业务能力强的分管校长担任该协作区的组长，负责该区域随班就读工作的开展和特殊教育教学研究活动的安排，实现乡镇一级的区域联动。特殊教育指导中心要求每个特殊教育协作区每一个学期至少组织一次区域性的随班就读研讨活动，包含课题研究、公开教学、评优评先、技能比赛、随堂听课等内容。为明确特殊教育教学协作区组长的工作职责，指导中心制定了《特殊教育教学协作区组长的职责》。

特殊教育教学协作区组长的职责

1. 特殊教育教学协作区组长，一般应由所在区一名责任心强的分管校长担任，具体负责本区域的特殊教育教学组织活动。

2. 本人必须热爱特殊教育、关心残疾学生，努力为所在区域的学校和残疾学生服务。

3. 能认真学习特殊教育理论、积极开展特殊教育教学活动，并能指导所在区域学校随班就读和特教班管理工作。

4. 完成上级部门对特殊教育的工作要求，具体负责管理本区域特殊教学的组织管理工作。

5. 一般每个学期需要组织 1～2 次特教班的教育和随班就读教学活动，每个学期及时向指导中心汇报一次，以便及时调整工作步骤。

6. 定期开展各校特殊教育开展情况的交流工作和资源教室的教学设备需求情况，确保满足所在区域特殊需要学生的教学需要。

7. 定期组织随班就读教师进行教学研讨活动，提高本区域随班就读教育质量。

8. 及时和特殊教育指导中心联系，完成下达的工作任务。

每次特殊教育教学协作区举办活动，常熟市特殊教育指导中心都会派人员参与，并对活动给予具体的指导意见。

在特殊教育指导中心的协调与推动之下，整个常熟市形成了从市级到乡镇区域协作组，再到校级层面的三级融合教育管理体系，确保了全市融合教育工作的有序开展，且有效地把控、提升了全市残疾儿童的教育质量。

由于特殊教育工作涉及发改委、财政局、人社局、住建局、卫健委、民政局、残联等多个部门，因此，在特殊教育发展的新阶段，需要建立由教育行政主管部门牵头的联席会议制度，以“形成多部门联合的工作局面”，更好地“全面推进融合教育发展”。2018年，常熟市政府转发了市教育局《关于建立特殊教育联席会议制度的通知》，明确了特殊教育联席会议的主要职责是“统筹解决全市特殊教育发展中的重点、难点问题，协调整合各有关部门力量，创新机制，指导全市做好特殊教育工作”。常熟市特殊教育联席会议制度的建立，进一步拓展了常熟特殊教育在发展过程中可以借助的行政资源，为常熟特殊教育的发展打开了新的通道，也是对特殊教育指导中心“负主责”的行政管理模式的一次升级。

2. 业务指导模式

尽管常熟市特殊教育指导中心具有明显的“行政”属性，但从《关于建立“常熟市特殊教育指导中心”的决定》（常教〔2004〕5号）所明确的指导中心的“主要职能”以及此后的工作进程来看，指导中心的日常主要工作还是“业务指导”。

常熟市特殊教育指导中心通过多样化的专业培训，建立了一支数量充足、结构合理、素质优良、富有爱心的特殊教育教师队伍，特殊教育理论水平、教育教学能力得到大幅提升。近十年来，常熟市特殊教育指导中心累计培训约20 000人次，全市普通学校教师特殊教育培训覆盖率达40%，专职和兼职资源教师特殊教育培训覆盖率达100%。

同时，依托特殊教育指导中心专家成员主持的“常熟市特教名师工作室”，组织特殊教育教师参加各级各类比赛，成果显著。6人在江苏省特教基本功比赛、评优课比赛获奖，多人获苏州市特教基本功比赛、评优课一等奖，更有近100名教师在全国特教技能比赛、江苏省优秀教案比赛、苏州市康复技能比赛等活动中获奖。1名教师被选拔参加教育部特殊教育课程标准、教材编写。特殊教育学校市级以上骨干教师比例达46%。

早在1998年，我国著名的特殊教育研究专家朴永馨先生就指出，要想找到“中国自己的特殊教育发展模式”，特教工作者需要“从经验型提高到科研型”“有计划、有目的地开展科学研究、探索规律”①。在提高特殊教育教师科研能力方面，常熟市特殊教育指导中心主要采取“课题带动”的方式，以课题为载体，更新教师观念，加强教师自身素养的提升，促进教师专业成长。其中，常熟市特殊教育指导中心主持的省级课题“构建城乡一体化特殊教育发展模式的实践研究”“区域性特殊教育学有优教保障体系构建的实践探索”，均取得了丰硕成果。《努力构建具有常熟特色的特殊教育体系》等论文在《中国残疾人》《现代特殊教育》等省级以上报刊发表，共出版《随班就读管理与特教班建设》等 6 部专著。研究成果“特殊学生教育质量保障体系构建的区域化探索”“医教结合促进残障儿童综合康复的实践研究”先后于 2013 年、2017 年获江苏省教育教学成果奖（基础教育类）一等奖。

为了合理配置特殊教育师资，明确普通中小学附设的特教班专任教师的职责，为整体提升常熟市特殊教育师资水平做好铺垫，特殊教育指导中心还制定了《普通中小学附设特教班专任教师工作要求》，对特教班专任教师的专业提升和工作职责做了较为明确的要求。

常熟市普通中小学附设特教班专任教师工作要求

为了合理配置特殊教育师资，充分发挥特殊教育教师的积极作用，特制定普通中小学附设特教班专任教师的工作要求：

1. 特教班教师必须热爱特殊教育、关心残疾学生，努力为所在学校的残疾学生服务。

2. 承担学校规定的特教班教育教学任务，具体负责 1 ~ 2 个学科的教学工作。

---

① 朴永馨：《努力发展有中国特色的特殊教育学科》，《特殊教育研究》1998 年第 1 期。

3. 在从事特教班工作的基础上，积极协助学校教导部门做好特教资料的整理和归档工作。

4. 认真学习特殊教育理论、积极开展随班就读的研究，指导所在学校随班就读工作的有序开展。

5. 特教班专任教师的课务总量，不少于所在学校教师平均工作量的90%。

6. 特教班专任教师工作的计算，可以分为：全日制特教班以4个教育对象为满负荷工作量；半日制的按照全日制工作量的60%计算，工作量不足的可以接收走班制的残疾学生。

7. 特教班教师要根据残疾学生的学习和生活情况，积极指导家长为他们的子女将来继续学习和就业出谋划策。

8. 对专任特教班教师且工作量达到规定标准的，学校应积极帮助他们办理特殊教育津贴。

前文提到，常熟市特殊教育指导中心要求每2～3个镇或每3～4所中心校建立一个区域性的特殊教育协作区，每个特殊教育协作区每一个学期至少组织一次区域性的特殊教育教学研讨活动，每次活动指导中心都会安排人员参与，进行现场指导。这种交流研讨的机制，使得优秀学校和教师个体的实践经验能够迅速在全市范围内得以传播，从而整体提升全市的特殊教育教师实践能力。

为高质量推进融合教育工作，常熟市特殊教育指导中心要求全市普通中小学应按照特殊教育需要儿童的类别差异，建立对应的教学研究组，以便开展更加深入、细致、高质量的教学研究活动，从而让每一个残疾儿童都能接受优质的教育（见图 2.2）。为此，常熟市特殊教育指导中心制定了《常熟市融合教育分类教学研究组长职责》，这份文件既是选拔教学研究组长的标准，也是教学研究组长的工作职责清单。

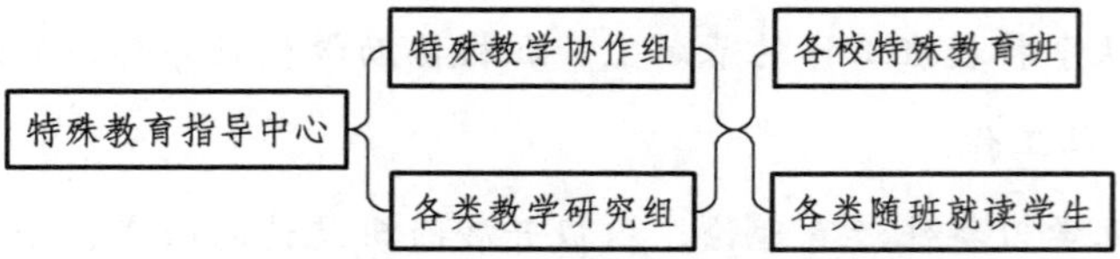

图 2.2 常熟市随班就读业务支持系统图

常熟市融合教育分类教学研究组长职责

一、经考察在本市范围内各类障碍儿童的教学活动中，具有一定教学研究成果并具有一定研究能力的学科带头人聘为教学研究组长。

二、制订学期、学年及阶段性的某一类别特殊教育需要学生的教学研究计划。

三、每个研究组由 3 ~ 5 人组成，每月组织该组成员至少进行一次教学研讨、交流活动。

四、每个学期组织针对该类别特殊教育对象的全市性的教学研讨活动。

五、每一学年度组织全市性该类教学对象的经验交流活动或教育论坛。

六、每个学期能向该类别教育对象的父母进行一次家长授课活动，传授家庭教育知识。

七、每个学期能到融合教育学校进行随堂听课活动，随时与融合教育老师分享教学成果。

八、每个学期需向市特殊教育指导中心汇报教学研究进展情况。

九、每两个学年提交一篇有质量的教学研究论文。

十、以上要求必须有文字资料记载。

在此基础上，常熟特殊教育指导中心分别建立了视力障碍、听力障碍、智力障碍、脑性瘫痪（肢体残疾）、孤独症五种类别的教学研究小组，并于 2010 年制定了详细的“五类管理”细则，即《常熟市中小学残疾学生随班就读管理细则》。同时，建立残疾人教育专家委员会，对特殊教育对象的入学、转学、升学、安置等做出科学的评判。

除此之外，为了落实“向两头延伸”的融合教育规划，常熟市特殊教育指导中心积极拓展自身的工作职责，主动对接常熟市残联、民政、人社等部门，充分支持各镇（街道）“残疾人之家”工作开展，为特殊教育对象提供适切的职业融合教育课程。

3. 社会服务模式

在推进中小学（幼儿园）随班就读与特教班（资源教室）建设工作方面，特殊教育指导中心主要发挥的是其“行政”属性；在推动特殊教育教师、特教管理员、资源教师的理念更新与专业成长方面，特殊教育指导中心主要发挥的是其“业务指导”属性。但是，发展融合教育不仅仅是教育行政部门和学校的任务，“它还需要家庭的合作、社区和志愿组织的动员乃至广大公众的支持”，在社区乃至整个社会打造一种接纳、理解、支持与互助的融合文化，才能让特殊个体全面地融入真实社会生活。常熟市特殊教育指导中心充分认识到这一点，因此，指导中心主动给自己“压担子”，关注残疾学生融入社会的全过程，做好随时为残疾学生提供特殊需要服务的准备，逐渐发展出了一系列专业的社会服务项目。其主要的社会服务项目如下：

（1）开通“热线电话”。为了方便各中小学校领导、教师以及家长咨询特殊教育相关事宜，特殊教育指导中心开通了 24 小时服务的热线电话。通过报纸、电台、电视台向全社会公开，并为社会各界人士提供特殊教育咨询服务。

（2）建立“中心网站”。特殊教育指导中心建立了“常熟市特殊教育指导中心网站”，开设中心动态、家长学校、教研活动、师生风采等栏目，为资源教师、随班就读教师、残疾学生家长提供特殊教育方面的资讯和资料查询服务。

（3）出版“特教小报”。特殊教育指导中心以每季度一期的频率出版《常熟特殊教育》小报，主要内容包括：宣传特殊教育的政策和法规，为一线教师普及特殊教育理论知识与教学方法，介绍各校成功经验和做法。每期小报出版之后，将分发到各镇残联，各中小学校长、教导处和教研组，并赠送给每一个残疾学生家长，让他们了解全市特殊教育工作的最新动态，掌握相关特殊教育基础知识和基本技能。在普及融合教育理念、推动家校沟通与合作等方面，《常熟特殊教育》小报都起到了积极的作用。

（4）开设“社区服务”。从2009年起，为了让社会上的残障人士也能接受特殊教育服务，常熟市特殊教育指导中心和特殊教育学校的专家成员和志愿者教师每个双休日都会在常熟市虞山镇枫泾社区开设专门的特殊教育辅导室，为视力障碍、听力障碍、智力障碍、脑性瘫痪和孤独症儿童进行教育康复指导，并为成年残障人士提供就业咨询指导和生活指导服务。这种社会服务形式，让原本局限于教育系统内部的特殊教育资源开始向全社会辐射。2013年5月，常熟市特殊教育指导中心专家陆振华被虞山镇方塔管理区聘为特教辅导员，并开设“方塔管理区善爱之家——陆振华工作室”，主持全区残障人士教育服务工作。许多残障人士及其家长慕名前来咨询，寻求专业帮助。

（5）开展“送教服务”。特殊教育的对象非常复杂，一般来说，绝大部分残疾儿童可以正常上学，但仍有相当一部分重度残疾儿童难以走进学校大门，难以接受正常的学校教育。因此，常熟市特殊教育指导中心与特殊教育学校联合组织了送教服务工作，对全市重度残疾儿童分批、分期进行调查摸底，并逐步落实送教服务工作。

（6）实行“就业指导”。受教育权是人最基本的权利之一，残疾儿童的受教育权应该得到保障。但我们同时也需要考虑的是，当残疾学生从学校毕业之后，他们如何更好地融入社会，实现自我的价值。为此，常熟市特殊教育指导中心积极与残联合作开展残疾学生的职业技能培训，让他们获得基本的劳动技能。同时，在残疾学生毕业之前，常熟市特殊教育指导中心还为他们提供必要的就业指导，甚至寻找合适的企业，为他们谋求就业岗位。

随着工作的不断推进以及工作模式的更新升级，常熟市特殊教育指导中心的功能效应日渐显著，为整体推动常熟市特殊教育的优质均衡发展作出了积极的贡献。可以说，常熟市特殊教育指导中心创造了一种全新的特殊（融合）教育发展模式，这种发展模式很快被推广到了整个苏州市，其影响逐渐扩展到整个江苏省以及江苏周边的省市。

（三）作为融合教育支持保障体系“中心节点”的常熟市特殊教育指导中心

本章阐述的融合教育发展必须直面的五个关键问题：高素质教师的问题，课程能否满足残疾学生身心发展需求的问题，学校的愿景和管理是否与融合教育发展目标保持一致的问题，学校能否充分尊重学生的差异性并将其转化成一种教育资源，社区和社会是否形成了对特殊个体充分接纳的氛围的问题。这些关键问题之间其实是相互嵌连的，因此，为了应对和解决这些问题，我们需要建构一个支持保障体系，在应对和解决问题的过程中，有效促进融合教育质量的提升与发展。

所谓体系，指的是若干事物互相联系而构成的一个整体。构建融合教育发展的支持保障体系，至少需要具备三个条件：第一，需要明确构成体系的子系统有哪些，即要有明确的支持保障责任主体；第二，必须让这些功能结构相互独立的主体之间建立起紧密的联系；第三，需要加强这些主体之间的相互支持、相互协作，使得这些原本各自独立的主体能够像“一个整体”一样行动。我们以支持主体所提供的支持内容为基本的划分依据，把融合教育支持保障体系中的支持主体大致分为五类，包括政府、学校、家庭、社区、志愿者组织。

常熟市特殊教育指导中心在成立之初扮演了一个以业务指导为主的支

持主体角色，基本上可以把它归入到五大支持主体中的“学校”这一类。直到2009年，教育部等部门发布了《关于进一步加快特殊教育事业发展的意见》，提出应“重点推进县（区）级随班就读支持保障体系的建立和完善”。为落实文件精神，常熟市教育行政部门积极行动，开始着手探索随班就读支持保障体系的健全之道。也正是在这一时期，常熟市特殊教育指导中心逐渐发展出了面向中小学校的“行政”属性，在对中小学校开展行政管理与业务指导的过程中，指导中心的“纽带”作用逐渐凸显。一方面，常熟市特殊教育指导中心可以借助教育行政部门的行政力量，通过文件的形式向各中小学校部署工作，如，要求各中小学校成立“特教工作领导小组”［根据《常熟市普通中小学附设特教班办班标准（试行）》］；要求各中小学校设立“特殊教育管理员”（根据《普通中小学特殊教育管理员工作职责》）；要求各中小学校选任中小学附设特教班专任教师（根据《普通中小学附设特教班专任教师工作要求》）；要求每2～3个镇或每3～4所中心校建立一个特殊教育协作区，并选拔人员担任协作区组长（根据《特殊教育教学协作区组长的职责》）；要求各中小学校选拔聘任融合教育分类教学研究组长（根据《常熟市融合教育分类教学研究组长职责》）；等等。另一方面，由于长期奔走于全市各中小学校开展业务指导工作，常熟市特殊教育指导中心对中小学推进特殊教育工作的痛点与难点了如指掌，指导中心会积极协调行政资源和社会资源，以帮助那些在推进工作中有困难的学校。

在随后的工作中，常熟市特殊教育指导中心积极拓展自身的工作职责，主动对接残联、民政、人社等政府部门，充分支持各镇（街道）“残疾人之家”工作开展，推动形成平等对待、互帮互助、扶残助残的良好社会融合氛围。

2018年1月，常熟市教育局和常熟市残疾人联合会联合发布的《常熟市特殊教育三年发展规划》明确指出应“坚持政府主导下以指导中心负主责的统筹协调、协同作战的融合教育管理体制和运行机制”。这说明，常熟市特殊教育指导中心从过去行使点状的行政管理职能和业务指导职能，升级为对全市的融合教育管理体制和运行机制“负主责”，成为融合教育支持保障体系真正的“枢纽”。

“过去，我们认为有两种方向不同的力量：自上而下的力量和自下而上的力量。自上而下的力量靠的是规划和命令，自下而上的力量靠的是试验和创新。自上而下的力量和自下而上的力量各有利弊。自上而下，调动资源的能力更强，但难以应对千变万化的复杂现场。自下而上，涌现出来的创新机会更多，但时常会出现过热或过冷的偏离。”事实表明，要想更好地应对时刻都处于动态变化中的现实世界，“只有这两种力量是不够的”，我们需要一种积极的社会创新变革力量，经济学家何帆把这种力量称作“发动”，并把这种力量发动机制具体阐释为：“自上而下地引导自下而上的积极性。”[①]

常熟市特殊教育指导中心正在逐步把自己演化成何帆先生所说的这种“积极的社会创新变革力量”。一方面，常熟市特殊教育指导中心的业务指导专家都来自特殊教育一线，他们既懂得如何开展特殊教育教学、管理和科研活动，也懂得如何指导其他教师的教育教学、管理和科研工作，同时，也对特殊教育实践过程中可能遭遇的问题和困难十分了解。可以说，常熟市特殊教育指导中心的业务指导专家是“从群众中来”的人。另一方面，由于常熟市特殊教育指导中心的组长一般由教育局分管局长担任，负责业务指导的专家组成员可以直接从“组长”这里“借”到教育行政资源——“发动”自上而下的力量。“从群众中来”的业务指导专家，带着教育行政资源，重新“到群众中去”，切实帮助“群众”解决工作过程中遭遇的问题和困难。

在实际工作中，常熟市特殊教育指导中心通过帮助中小学校解决各种特殊教育实践中的问题，提升学校的办学质量和办学能力，有效地“发动”了学校内在的行动积极性；通过“送教上门”“热线电话”“社区服务”等

① 何帆：《变量：本土时代的生存策略》，郑州：大象出版社，2021年，第116-117页。

服务形式帮助特殊需要家庭解决残疾儿童少年家庭教育、身心成长、生活就业等问题，提升残疾儿童少年融入社会的能力，有效地“发动”了家庭内在的行动积极性；还通过主动对接常熟市残联、民政、人社等政府部门，支持各镇（街道）“残疾人之家”工作开展，推动全民融合氛围的形成，有效地“发动”了乡镇、街道、社区的行动积极性。

从网络社会学的视角来看，融合教育支持保障体系可以看作一张复杂的网络，各个支持主体是网络的节点。如果没有特殊教育指导中心，这些节点之间也会发生联结，但这种联结基本上是单向的、低频的。比如，市教育局向全市普通中小学校下发某个工作文件，这是一种“自上而下的”规划和命令，即“单向的”联结；而市教育局对各中小学校工作成效的检查、评估往往在数周或数月之后，这叫“低频的”联结。常熟市特殊教育指导中心成立之后，主动把自己演化成了融合教育支持保障体系的“中心节点”，演化的过程大致如下：一开始，指导中心主动与各个支持主体建立起联结，在跟各个支持主体建立联结的过程中，指导中心了解了各支持主体的工作目标、资源配备和资源需求。也就是说，指导中心知道谁缺乏某种资源，谁又可能拥有这种资源，只不过，过去由于工作机制等原因，资源需求方和资源供给方哪怕了解了这些信息，也无法建立起顺畅的联结，而常熟市特殊教育指导中心主动承担起了这份“联结”的工作。资源需求方通过指导中心找到了自己需要的资源，从而增强了自身的工作能力，丰富了自己的工作成果，而资源供给方也看到了自己掌握的资源所发生的积极效用。慢慢地，常熟市特殊教育指导中心就成了资源需求信息和供给信息的交汇中心，成了整个融合教育支持保障体系的“中心节点”。常熟市特殊教育指导中心“中心节点”作用的发挥，使得政府、学校、家庭、社区和志愿者组织之间的信息传递更加顺畅了，各主体之间的协作性日益增强，各主体自身的资源得到了最大化地利用，从而有效、稳步地推动着常熟特殊教育朝着高质量、高水平的方向发展。

第三章

动态测评，多元安置，“学有所教”得以实现

融合教育的关键在于提高融合学校容纳和服务所有学生的能力，以保障每一个学生都能获得适合其需要及发展的教育。在具体实践与发展的过程中，各个国家和地区往往会结合自身的经济文化和教育发展实际情况，发展多元的、本土化的融合教育安置形式。

我国于 1982 年将残疾人受教育问题纳入《中华人民共和国宪法》，并在 1986 年颁布的《中华人民共和国义务教育法》中明确了将残疾儿童教育纳入到义务教育范畴。有研究者依据残疾儿童少年教育安置形式的隔离与融合程度，将 1986—2011 年这 25 年的中国特殊教育发展历程划分为三个阶段[①]。其中，1986—1992 年为第一阶段，这一阶段残疾儿童少年的教育安置形式以隔离为主要形式，八至九成残疾儿童少年在特殊教育学校就读。1993—2001 年为第二阶段，这一阶段残疾儿童少年的教育安置形式以逐步融合为发展趋势，五至七成残疾儿童少年在普通学校就读。2002—2011 年为第三阶段，这一阶段残疾儿童少年在普通学校就读比例稳定在六成左右。按照上述划分逻辑，我们可以把 2012—2013 年归入第三阶段，把 2014 年至今划分为第四阶段。由于《第一期提升计划》和《第二期提升计划》的总目标都要求全面推进全纳教育，因此，我们也可以把第四阶段称作“全面推进全纳教育”阶段。

通过三十多年的实践探索，我国逐渐形成了“以普通学校随班就读为主体，以特殊教育学校为骨干，以送教上门和远程教育为补充”的特殊教育发展格局。在此期间，我国特殊教育学校的功能也越来越呈现综合性与复杂化的发展态势：一方面，需要接受各种类别的重度残疾学生，开展特殊需要教育教学；另一方面，需要逐步承担起区域内特殊教育指导与管理

---

① 赵小红:《近 25 年中国残疾儿童教育安置形式变迁——兼论随班就读政策的发展》，《中国特殊教育》2013 年第 3 期。

工作。

为了更好地落实国家特殊教育发展政策，及时应对随班就读工作推进中的问题，切实提高残疾儿童少年的入学率以及特殊教育质量．2004 年 2 月，常熟市教育局设立了“常熟市特殊教育指导中心”。随后，经过十多年的实践，常熟市逐渐探索出了一种以特殊教育指导中心为“枢纽”的新型融合教育运行与发展模式。在此过程中，常熟市始终坚持“动态测评、多元安置”不动摇，这一融合教育安置策略有效地提升了常熟市义务教育阶段残疾儿童入学率。2017—2020 年，常熟市义务教育阶段残疾儿童入学率连续四年保持在 100%，“学有所教”得以实现。

一、全球视域下的融合教育安置形式

从世界范围来看，融合教育是欧美各国在“一体化教育”运动和“回归主流”运动中不断发展起来的，经由联合国教科文组织的宣传与推介，逐渐成为全球性的教育共识。融合教育的关键在于提高融合学校容纳和服务所有学生的能力，以保障每一个学生都能获得适合其需要及发展的教育。但在具体实践与发展的过程中，各个国家和地区往往会结合自身的经济文化和教育发展实际情况，发展多元的、本土化的融合教育安置形式。概而言之，全世界的融合教育安置形式大致可以分为完全融合模式与部分融合模式这两种。

（一）完全融合模式

完全融合是指将残疾儿童安置在全日制的普通教室。它是一种单一的安置形式，持这种观点的人认为不应该根据儿童的残疾、障得程度来安排他们在普通教室学习的时间，而应该在普通教室里满足所有学生的学习需要，普通教师应该自己或在特殊教育专业人士的支持下承担起教育残疾儿童的主要责任。在持完全融合观点的教育者眼里，完全融合是不需经过任何经验验证或实证研究的，它是一种崇高的伦理的追求。不过，在完全融合实际操作过程中，虽然残疾儿童接受教育的地点是在普通教室，但残疾儿童和健全儿童接受教育的方式还是有区别的。完全融合模式大致可以分为以下三类：

1. 完全由普通教师负责，对残疾儿童实施教育

在这种情况下，普通教师要负责残疾儿童所有的教育评估、个别化教育计划的制订以及个别指导等，“巡回指导教师”会在必要之时对普通教师提供教育教学方面的指导。“完全由普通教师负责”的完全融合模式适用于障碍程度较轻的残疾学生，但对普通教师的要求依然比较高，在这样的课堂中，如果教师拥有较先进的教育理念，同时具备足够的专业能力，是能够使残疾学生和健全学生都受益的。

2. 以普通教师为主，巡回服务人员为辅，对残疾儿童进行教育

这种模式的特点是：普通教师负责班级正常教学，而由巡回服务人员对残疾学生进行特殊评估、特殊教育和提供其所需的其他服务。巡回服务人员包括语言病理学家、心理学家、社会工作人员、物理治疗师、医生、特殊教育教师等。这些人员并不固定在某个班级或者学校服务，而是在一个学区或是几个学区之间巡回服务。巡回服务人员在提供相应服务时，应尽可能降低对普通班级教学工作的打扰。如果残疾学生在接受过一段时间的服务后，经过评估，其能力已经达到了可以正常接受教育的水平，可暂停对其开展巡回特殊教育服务。

3. 以普通教师为主，助教为辅，对残疾儿童进行教育

在这类模式中，特殊教育教师是普通教师的助手，他们以助教的身份"驻扎"在特定班级，负责对残疾学生进行全面评估、制订个别化教学计划。助教往往坐在残疾学生旁边，或是往返于班里几个残疾学生之间，采取个别辅导的方式辅导学生学习，帮助残疾学生理解和消化课堂上的内容等。这些做法在一些发达国家比较常见，它能为残疾儿童提供更专业、更细致的教育服务，较好地保证了残疾儿童受教育的质量，但这种模式对特殊教育教师的数量和质量有较高的要求。

总的来说，持完全融合教育观点的人认为：对残疾儿童进行隔离式教育或个别化教育的做法应该被取消，因为这些做法从本质上说都是不公平的，所有儿童都应该就近在符合其年龄需求的普通班级里平等地接受教育。

（二）部分融合模式

部分融合模式是指残疾儿童与健全儿童一起接受普通教育，但是在残疾儿童有特殊教育需要时，会在特定时间将其安置到另外的教室或教育场所接受个别辅导，即安置在普通学校的特教班里进行教育，或根据需要灵活地在普通学校及特殊学校两地接受教育。部分融合模式的支持者认为普通教室并不适合所有的残疾儿童，他们倡导多样化的特殊教育服务体系，尤其倡导建设资源教室，从而为残疾儿童提供从最多（隔离的学校或机构）到最少（普通教室）限制的多种教育安置选择。在具体实践当中，部分融合模式也有三种类型。

1. 普通班+资源教室/资源中心

在这类模式中，残疾儿童大部分时间都与健全儿童一起，在普通班级接受教育，但普通教师或资源教师会根据实际需要，安排残疾儿童到资源

教室或资源中心接受一定时间的特殊教育辅导。所谓资源教室，是在普通学校里专门设置的特殊教育辅导室，里面配备有残疾儿童所需要的各种辅助设备、教材、教具、训练器材等，由受过特殊教育专业训练的资源教师负责。所谓资源中心，可以看成服务范围扩展后的资源教室，因为资源教室通常只服务本校残疾儿童，而资源中心则为辖区内所有学校的残疾儿童提供服务。这类模式的优点在于：一方面，残疾儿童大部分时间都与健全儿童在一起接受教育，可以较好地发展所有学生的社会适应能力；另一方面，残疾儿童又能获得及时的、必要的、专业化的特殊教育与服务。

2. 普通学校特教班

特教班是附设在普通学校内，专门为残疾程度相对较重，特殊教育需要比较突出的学生而设立的教室。当前述的安置形式不适合残疾学生时，可以考虑采用这种模式。在中国，特教班一般由一名特殊教育教师来负责该班的日常运作。一般而言，在特教班里就读的残疾学生，其文化课的学习与健全学生是完全分开的，但特殊教育教师会根据残疾学生的实际情况，安排他们与健全学生一起上体育、音乐、美术等课程。通常情况下，学校的日常活动，如晨会、运动会、外出游玩等，残疾儿童与健全儿童都会一起参加。这种模式的特点是：残疾学生与健全学生在文化课方面，分开在不同的班级接受教育，其他部分课程又可以安排在一起上课。这种模式的优势是：第一，残疾儿童增加了与健全儿童的日常交往，有利于相互接触和了解；第二，特殊教育教师可以开展有效的个别化教学；第三，在一定程度上为所有儿童创造了一种融合的环境。特教班与资源教室或资源中心的主要区别在于，特教班的学生几乎所有的教学活动都在特教班里进行，只有少部分的活动会与健全学生在一起，而资源教室或资源中心的学生大部分时间都留在普通班级，只是部分时间到资源教室或资源中心接受辅导和训练。

3. 普通学校+特殊教育学校

这是一种根据需要安排残疾学生在普通学校与特殊教育学校两地灵活接受教育的安置形式。可以是以普通学校为主，特殊教育学校为辅，即大多数时间在普通学校就读，少部分时间在特殊教育学校就读；也可以是以特殊教育学校为主，普通学校为辅，即大多数时间在特殊教育学校学习，有需要时到普通学校与健全儿童一起学习、活动。这类模式一般会为残疾儿童设置双重学籍，根据需要在普通学校和特殊教育学校之间切换，如果残疾儿童在特殊教育学校康复训练取得了较好效果，就可以转入普通学校随班就读或到特教班就读；如果残疾儿童的能力在普通学校没有得到发展，或不能适应普通学校的学习生活，又可以转回到特殊教育学校。

综上所述，融合教育安置形式多种多样，各个国家、地区可以根据自身的实际情况，出台相应的融合教育安置政策，推广符合本土化需求的融合教育安置形式。不过，总体来看，多数研究者还是认为，在普通学校设置资源教室或资源中心，这种融合教育安置形式的教育效果要优于其他形式。

二、随班就读：适合中国国情的残疾儿童教育安置方式

我国于 1982 年将残疾人受教育问题纳入《中华人民共和国宪法》，并在 1986 年颁布的《中华人民共和国义务教育法》中明确了将残疾儿童教育纳入义务教育范畴。不过，20 世纪 80 年代以及 20 世纪 90 年代初，特殊教育依然是我国普及初等教育最薄弱的环节，提高学龄残疾儿童入学率依旧是中国特殊教育发展的重点任务。

经过数年的区域试验探索，在对试验过程和效果进行充分研究与总结的基础上，1994 年，国家教育委员会认为“在我国大面积开展随班就读工

作是可信、可行的，有着良好的办学效益和社会影响”，并在《关于开展残疾儿童少年随班就读工作的试行办法》中指出“开展残疾儿童少年随班就读工作……是建立适合我国国情的残疾儿童少年义务教育新格局的需要”，决定在全国范围大面积推广随班就读这种残疾儿童教育安置方式。

从融合教育安置形式上来看，我国选择的是部分融合模式，但深入到我国随班就读工作现场，可以发现，我国的随班就读是基于融合教育理念的一种本土化实践创新。在随班就读的推进与实践过程中，我国逐渐形成了“以普通学校随班就读为主体、以特殊教育学校为骨干、以送教上门和远程教育为补充”的特殊教育发展格局。

（一）我国随班就读的工作要求与基本原则

1994 年，国家教育委员会发布的《关于开展残疾儿童少年随班就读工作的试行方法》对随班就读工作的开展提出了一些明确要求和应当遵循的基本原则。

（1）明确了残疾儿童少年随班就读的对象，“主要是指视力（包括盲和低视力）、听力语言（包括聋和重听）、智力（轻度，有条件的学校可以包括中度）等类别的残疾儿童少年”。

（2）要求普通学校在招收残疾儿童少年随班就读时，“应当对其残疾类别和程度进行检测和鉴定”，并明确了相关责任主体，“视力、听力语言残疾儿童少年应由医疗部门、残疾儿童康复部门或当地盲、聋学校的专业技术人员进行检测鉴定”。

（3）“对智力残疾（特别是轻度）儿童少年的确认一定要慎重”，这是检测鉴定工作需要遵循的基本原则。

（4）“残疾儿童少年随班就读，应当就近入学”，这是教育安置的基本原则。“在城市和交通便利的地区，也可以相对集中在指定学校就读。残疾儿童随班就读的入学年龄与健全儿童相同。特殊情况可以适当放宽。”

（5）对于随班就读班级的班级人数、学生结构，应遵循适宜原则。安置在普通班级中的随班就读学生人数、残疾程度和类型要适当。“在普通学校随班就读的残疾儿童少年每班以 1～2 人为宜，最多不超过 3 人。”安置在普通班级中的随班就读学生的残疾程度不能过重，一般是临界和轻度残疾的学生，目前只有极少数的随班就读学生是中度残疾学生。安置在一个普通班级中的随班就读学生残疾类型不能过多，最好是同类残疾的儿童。

需要特别注意的是，强调残疾儿童少年入学适宜性，并不意味着普通学校可以以此为借口拒绝一些残疾儿童入学。“普通学校应当依法接收本校服务范围内能够在校学习的残疾儿童少年随班就读，不得拒绝。”

（6）对于随班就读残疾学生使用何种教材，需根据学生的残疾类型和程度做灵活调整。随班就读残疾学生使用的教材一般与健全学生相同（全盲学生使用盲文教材），轻度智力残疾学生也可以使用培智学校的教材。学校可以根据学生的实际情况，对其教学内容做适当调整。

（7）随班就读的安置形式并不是固定不变的，应根据实际情况做动态调整。具体来说，学生是否成为随班就读学生，要根据其感官障碍、学习能力以及社会适应能力的发展情况而定。在实际操作时，要为随班就读学生建立一系列的评估标准。当残疾学生的学习能力、社会适应能力等发展到一定水平时，该学生可以不再作为随班就读的对象，可以完全同其他普通学龄儿童一样接受教育。但是，经过一段时间的随班就读后，发现该残疾学生无法通过随班就读这种教育安置形式获得教育成长，那就需要重新评估并安排新的教育安置形式，比如转介到特教班或特殊教育学校。

（二）我国的随班就读实践形式概述

由于我国幅员辽阔，区域之间的教育、经济、文化发展水平的差异明显，各地在遵循《关于开展残疾儿童少年随班就读工作的试行办法》安置要求与原则的基础上，又出现了多种本土化的实践形式。我国的随班就读实践形式主要有以下四种：

1. 完全的普通班级

这种形式是指将残疾学生安置在普通班级中与健全儿童一起在普通班级中学习和活动，他们的学业由该普通班级的班主任和任课教师负责。班主任和任课教师不仅要对健全学生负责，而且也要为随班就读学生提供个别辅导等特殊教育服务。由于对残疾学生的支持保障不到位，这种教育安置形式很容易沦落为“随班混读”“随班就座”。

2. 普通班级+巡回指导服务

这种形式是指有特殊教育需要的儿童在普通班级接受教育，特殊教育专家通过巡回指导的形式定期或不定期地给予普通教师特殊教育教学方面的帮助与指导。提供巡回辅导服务的专家通常由特殊教育学校的教师或者经过专门培训的普通教师担任。

3. 普通班级+特教班（资源教室）

特教班是指设置在普通学校中专门对残疾儿童进行特殊教育和训练的教育安置形式。普通班级+部分特教班的这种教育安置形式，是指随班就读学生部分时间和部分学科在普通班级与健全儿童一起接受教育，而另一部分时间和学科则在特教班与其他残疾儿童（一般是同一类型的残疾儿童）一起接受特殊教育和训练。特教班一般由一名专业的特殊教育教师来负责该班的日常运作。为顺应国家政策，2012 年之后，中国各地的特教班逐步更名为“资源教室”。资源教室除了为残疾学生提供特殊需要教育和训练服务之外，还需要为普通教师提供教学支持，为残疾学生家长提供教育咨询等服务。

4. 普通班级+特殊需要康复训练

这种形式是指残疾学生绝大多数时间都在普通班级与健全学生一起上课，部分时间根据其特殊需要在资源教室或康复机构进行康复训练。这种安置形式需要足够的康复资源和足够的康复专家做支撑，目前只能在少数发达城市能够为残疾学生提供此类服务，这也是我国下一阶段的融合教育发展需要重点解决的问题。

2003 年，教育部和中国残联印发的《全国随班就读工作经验交流会议纪要》①指出，“随班就读在普及残疾儿童少年义务教育中发挥了非常重要的作用，是发展我国特殊教育事业的重要策略”，并总结梳理了随班就读的几项积极意义。首先，开展随班就读工作有效地提高了残疾儿童少年义务教育入学率。其次，实行随班就读促进了残疾儿童少年的身心发展和与社会的融合。再次，开展随班就读工作，促进了教育思想观念的转变。开展随班就读使普通学校对素质教育有了新的认识，促进了普通学校领导对教育的功能、教育价值进行重新认识和思考，促进了教师对教学方法的改进和提高，使教师的教学尽可能适应每个学生的发展需要。最后，开展随班就读使全社会更加了解和理解残疾人，提高了社会的文明程度；也使健全学生通过和残疾孩子一同学习，密切接触，培养了关心、同情和帮助弱势群体的良好思想品德和人道主义精神。此外，采取随班就读方式，充分利用现有的教育资源，既节约了国家和各级政府的投入，也减轻了残疾学生家长的经济负担。

---

① 教育部基础教育司、中国残疾人联合会教育就业部：《关于印发〈全国随班就读工作经验交流会议纪要〉的通知》，2003 年 2 月 9 日，http://www.moe.gov.cn/srcsite/A06/s3331/200302/t20030209_82026.html。

《全国随班就读工作经验交流会议纪要》总结道，随班就读是“我国基础教育工作者特别是特殊教育工作者参照国际上其他国家的融合教育做法，结合我国的特殊教育实际状况所进行的一种教育创新……是一条符合我国国情的普及残疾儿童少年义务教育的有效途径，它对发展我国特殊教育乃至推动整个基础教育工作具有十分重要的意义和作用”。

三、常熟方案：基于动态测评的多元安置

在推进随班就读工作的过程中，常熟市教育局和以特殊教育学校为龙头的一大批“特教人”一边扎实落实国家政策，一边积极应对实践中不断出现的真实问题，逐渐探索出了一套符合本土实际的富有创新性的随班就读管理和工作机制。其中，常熟市基于动态测评所实施的多元教育安置形式，使得常熟市义务教育阶段残疾儿童入学率在2017年底就历史性地达到了100%，提前、超额完成《第二期提升计划》中提出的“到2020年，残疾儿童少年义务教育入学率达到95%以上”的目标。

所谓“动态测评，多元安置”，指的是常熟市残疾人专家委员会在对残疾儿童的身心发展进行动态测评的基础上，对残疾儿童提出多元安置建议，这些多元安置建议包括：普通学校随班就读、普通学校“特教班”就读、特殊教育学校、送教上门。在“多元安置”的基础上，常熟市再以选择性、适切性为原则，原创了“全日制、半日制、走班制”三种特教班办班模式，为残疾儿童继续提供更加细化的多元安置形式，更好地满足残疾儿童个性化发展需求。

（一）常熟市残疾人教育专家委员会工作制度概述

在2009年前后，常熟市特殊教育指导中心以本中心特殊教育专家为基本班底，自发组建了“民间的”残疾人教育专家委员会，开始对不同类别的特殊教育对象进行检测鉴定，为他们的入学、转学、升学、安置等提供专业建议和意见。

2020年，为规范常熟市残疾人教育专家委员会（以下简称专委会）工作，根据《第二期特殊教育提升计划》《江苏省第二期特殊教育提升计划（2017—2020年）》《苏州市残疾人教育专家委员会工作管理办法》，常熟市教育局制定了《常熟市残疾人教育专家委员会工作制度》（以下简称《专委会工作制度》）。《专委会工作制度》明确了专委会工作的组织主体、工作原则、工作职责和工作流程。

1. 专委会工作的组织主体

专委会工作的组织主体是常熟市特殊教育指导中心，“专委会受常熟市特殊教育联席会议成员单位委托开展工作，具体由常熟市特殊教育指导中心负责召集组织”。

2. 专委会工作的基本原则

专委会工作时应遵循以下基本原则：专委会在工作中应遵守客观公正的原则，坚持实事求是、忠于职守、全心全意为广大特殊教育需要学生根本利益服务。工作中涉及特殊教育需要学生隐私，相关信息仅可被用于对有特殊教育需要学生实施教育、康复，所有相关人员对隐私信息负有保密义务。

3. 专委会的工作职责

（1）专委会对常熟市特殊教育事业发展、师资队伍建设、课程设置与实施、教育质量评估等提供专业性指导，提出政策建议，协助组建常熟市特殊教育专家资源库。

（2）根据实际需求，依申请对常熟市适龄特殊教育需要学生的身体状况、接受教育的能力和适应学校学习生活的能力进行诊断评估。

（3）根据实际需求，依申请对常熟市适龄特殊教育需要学生提出入学安置、转学建议。

（4）根据实际需求，依申请对常熟市适龄特殊教育需要学生的个别化教育计划进行论证，提出实施建议。

（5）根据实际需求，依申请对常熟市适龄特殊教育需要学生的教育问题提供咨询，提出教育建议。

（6）受常熟市特殊教育联席会议委托开展其他工作。

4. 专委会的工作流程

（1）专业建议工作。定期或不定期接受常熟市特殊教育联席会议委托，就全市特殊教育事业有关议题开展相关研究工作，以研究报告形式向委托方提出建议、意见。

（2）教育诊断、评估工作。适龄特殊教育需要学生有教育诊断、评估需要的，由其家长随带子女信息向子女所在学校提出申请，常熟市特殊教育指导中心安排时间、地点，指定专家对申请人进行现场诊断、评估，经专家诊断、评估后出具评估报告，签署意见并盖章。评估报告将作为特殊教育需要学生教育安置重要依据。

（3）论证、仲裁工作。适龄特殊教育需要学生的监护人对专委会诊断、评估报告有异议的，可携带有关资料向常熟市特殊教育指导中心提出申请重新诊断、评估；常熟市特殊教育指导中心有疑难案例、争议案例，可向教育局提出申请，由教育局安排专家进行专业评估、论证，并给出实施建议。

为使专委会工作进一步规范化和程序化，提高工作的透明度和科学性，专委会在进行决策时采用集体审议机制。根据工作需要，如事业发展、课程建设、师资配备、评估安置、制订个别化教育计划等，专委会可召开专委会全体会议、专项工作会议、专家组会议等会议，研究专委会工作或对某项工作组织专项论证。专委会研讨意见、评审结果和论证结论等集体审议内容，需要以文字形式确定的，由参加专委会会议的相关成员签名确认，并由常熟市特殊教育指导中心留存。

（二）常熟市特殊教育需要学生评估与安置工作制度概述

常熟市在十多年实践经验的基础上，于 2020 年修订完善了《常熟市特殊教育需要学生评估与安置工作制度》。该“制度”对评估与安置工作的对象、目的、时间和工作流程都做了详细又清晰的说明。

常熟市特殊教育需要学生评估与安置工作制度

为贯彻落实《中华人民共和国义务教育法》《残疾人教育条例》、教育部等七部门关于印发《第二期特殊教育提升计划（2017—2020 年）》的通知精神，进一步规范特殊教育需要学生的入学、转学（转衔）和学籍管理，特修订完善《常熟市特殊教育需要学生评估与安置工作制度》。

一、评估与安置的对象

学前和义务教育阶段智能发展较同龄学生明显迟缓，且在学习及生活适应能力表现上有显著困难的学生。

二、评估与安置的目的

对特殊教育需要学生进行评估与安置，其目的在于：筛选、诊断与安置、帮助制订个别化教育计划。即：一是诊断是否属于特殊需要学生及何种类型残疾学生；二是存在哪些特殊需要，应该进行怎样的教育安置；三是为今后提供支持服务和制订个别化教育计划提供指导性意见。

三、评估与安置的时间

遵循“入学之后（取得学籍）、随时评估、期初安置”的原则。

四、评估与安置的流程

（一）医学评估

在家校常规干预成效不明显、需要进一步提供特殊教育支持服务的前提下，商请监护人带孩子前往公立医院儿童保健科进行医学评估。

定点医疗评估机构	地点	咨询电话
常熟市第一人民医院	常熟市书院街1号	0512-52223921
常熟市第二人民医院	常熟市海虞南路68号	0512-52707131
常熟市第二人民医院（传染病分院）	常熟市中山南路1号	0512-52895261
常熟市中医院	常熟市黄河路6号	0512-52342523
常熟市妇幼保健所	常熟市富阳路6号	0512-52308565

（二）书面申请

由普通学校（幼儿园）和家长共同填报《特殊教育需要学生评估与安置申请表》，家长签字、学校盖章后送特教指导中心办公室。

（三）专业评估

由残疾人教育专家委员会组织综合性专业评估，填报《特殊教育需要学生评估与安置记录表》，专家委员会成员、家长签字后送特教指导中心办公室。

评估的内容应包括一般生理状况（包括四肢外观、感官功能、知觉动作、生理疾病等）、生活自理、沟通能力、情绪行为、智商与学业、兴趣及优势能力等。评估应采用多元方式，包括直接观察、访谈、操作作业、工具量表等，参考医学评估，详细搜集记载数据，并进行综合分析。

进行专业评估时，必须由法定监护人和日常生活陪护人员共同参加，并携带以下材料：

① 户口簿原件与复印件。

② 定点医疗评估机构检测报告单原件与复印件。

③ 如果已经办有残疾证的，须提供残疾证原件与复印件。

④ 孩子身心障碍、其他患病等特殊且重要情况的佐证材料。

（四）安置方式

根据“最少受限制环境”的根本原则，结合学生残障程度、家长意愿、所在普校融合教育建设情况，确定以下四种安置方式，反馈至监护人和所在学校，并报教育局基础教育科备案。

① 普通学校，随班就读。 ② 普通学校，特教班。

③ 特殊教育学校。 ④ 无法到校学习的，安排“送教上门”。

（五）学籍转移

如安置学校发生变化的，须在当年度7月1日至8月31日携带学籍材料到安置学校报到。

本制度的修订，须由常熟市残疾人教育专家委员会审定通过后实施。

《常熟市特殊教育需要学生评估与安置申请表》和《常熟市特殊教育需要学生评估与安置记录表》照录如下：

表1 常熟市特殊教育需要学生评估与安置申请表

学校名称（盖章） 类别：□起始年级新生入学 □其他年级转学

一、家庭情况			
学生姓名：	性别：	身份证号：	实足年龄： 岁 月 （至当年9月1日）
父亲姓名：	身体状况：	身份证号：	联络电话：
母亲姓名：	身体状况：	身份证号：	联络电话：
陪护人姓名：	关系：	身份证号：	联络电话：
学生户籍所在地址			
学生当前居住地址			
二、身心障碍情况			
□无□有《中华人民共和国残疾人证》	证件编号：	类别与等级：	鉴定日期：
医学评估材料（最近六个月）	评估医院：	评估日期：	评估医师：
	信息摘要：		
孩子身心障碍、其他患病等特殊且重要情况说明			
三、就学情况与安置意愿			
原就读学校（或园所机构）		原就读班级：	班主任与联系电话：
教育经历（可多选）	□无 □康复机构训练 □普校随班就读 □普校特教班 □其他：		
孩子或监护人的安置意愿	□随班就读 □特教班 □特殊学校 □上门送教 其他需求与意愿：		
申请人（监护人）签字栏 月 日	资源中心负责人签字栏 月 日	普校校长签字栏 月 日	指导中心接收人签字栏 月 日

填报学校与指导中心各执一份。 填表人： 日期： 年 月 日

表 2　常熟市特殊教育需要学生评估与安置记录表

评估地点：

<table>
<tr><td colspan="4">一、综合评估情况</td></tr>
<tr><td>学生姓名：</td><td>生源学校：</td><td>现场陪护人姓名
（关系）</td><td>评估日期：
年　月　日</td></tr>
<tr><td>评估项目</td><td colspan="3">评估摘要和评估依据</td></tr>
<tr><td>一般生理状况</td><td colspan="3">四肢外观、感官功能、其他生理疾病等：</td></tr>
<tr><td>生活自理能力</td><td colspan="3"></td></tr>
<tr><td>情绪行为表现</td><td colspan="3"></td></tr>
<tr><td>沟通能力</td><td colspan="3"></td></tr>
<tr><td>学业情况</td><td colspan="3"></td></tr>
<tr><td>兴趣及优势能力</td><td colspan="3"></td></tr>
<tr><td>其他需要说明的
重要情况</td><td colspan="3"></td></tr>
<tr><td rowspan="2">评估结论
□特教需求对象
□疑似特教对象</td><td>障碍类别：</td><td colspan="2">障碍程度：</td></tr>
<tr><td colspan="3">说明：</td></tr>
<tr><td colspan="4">二、教育安置意见</td></tr>
<tr><td>安置方式</td><td colspan="3">□普校随班就读　□普校特教班　□特殊学校
□上门送教　□其他：</td></tr>
<tr><td>支持服务与教育
方面意见建议</td><td colspan="3"></td></tr>
<tr><td>评估专委会
成员签字栏</td><td colspan="3"></td></tr>
<tr><td colspan="4">指导中心意见（签字、盖章）
年　月　日</td></tr>
</table>

注：本表由指导中心填写，完成后复印三份，基教科、安置学校与转出学校各执一份。

四、常熟方案：原创三种特教班办班模式，确保融合教育按需供教

“特教班”是指附设在普通学校，针对残疾儿童实施教育教学的一种组织形式。自 2004 年起，常熟市以特教班为切入点，助力全市随班就读工作的开展，通过增加特教班数量，开启“标准化特教班”建设等措施，切实提高残疾儿童入学率，提升特殊教育质量。

（一）三种特教班办班模式概述

在具体实践过程中，常熟市以选择性、适切性为原则，原创了“全日制、半日制、走班制”三种特教班办班模式。这意味着，选择“普通学校‘特教班’就读”这一教育安置形式的残疾儿童，可以根据自身的特殊教育需要选择“全日制”特教班、“半日制”特教班或“走班制”特教班，更细化的教育安置形式能够更好地满足残疾儿童个性化发展需求。以下是这三种特教班办班模式的具体介绍：

1.“全日制”特教班

“全日制”特教班设在残疾儿童人数较多的普通学校，教学对象是普通学校中重度残疾儿童。由于这些残疾儿童难以在普通班级接受正常的教育，因此，需要专门为他们设置一个“全日制”特教班，按照全日制培智学校的课程进行教育教学，并通过组织活动、走入社会等形式开展融合教育。常熟市浒浦学校、海虞小学、张桥小学、古里小学和吴市小学均设置了“全日制”特教班。

一般来说，“全日制”特教班从创立到能够独立运行，一般需要 2～3 年时间。一方面，负责“全日制”特教班的资源教师大多是由普通教师转

岗而来，他们需要在实践中不断提升自身的特殊教育专业知识和专业能力；另一方面，普通学校的管理者也需要时间来适应这种新的教育教学管理形式；再者，家校之间的沟通、协作也需要足够的时间来打磨。

2.“半日制”特教班

“半日制”特教班设在残疾儿童人数较少的普通学校，教学对象是中度残疾儿童，有两种教学组织形式：上午班、下午班。上午班的学生上午在特教班进行个别化教学，下午回原来班级参加其他活动类课程的学习；下午班的学生上午在普通班级学习，下午在特教班进行个别化教学。设置“半日制”特教班的学校包括常熟市练塘小学、杨园小学、唐市小学、辛庄小学、白茆小学等。

这种模式很受残疾儿童家长的欢迎，因为家长们能够切实体会到老师是在真心诚意地为残疾儿童的身心发展而努力，同时也能看到自己孩子在身心发展方面的明显进步，孩子不再是“随班混读”了。家长有了这种切身感受之后，就会全力支持学校的融合教育工作，从而成为融合教育发展的积极推动力量。

3.“走班制”特教班

“走班制”特教班设在残疾儿童以随班就读形式为主的普通学校，教学对象是轻度残疾儿童。学校安排一名专职特殊教育教师在资源教室为各类残疾儿童辅导，残疾儿童在随班就读的同时根据实际需要轮流进资源教室接受个别化教学。设置“走班制”特教班的学校包括常熟市任阳小学、何市小学、周行小学等，其中，何市小学安排了两位特教老师，全天七节课，教师定点在资源教室进行个别化辅导。

这种模式让健全儿童和残疾儿童深度融合，并充分体现了个别化教学理念。不过，相对来讲，“走班制”的组织教学形式对资源教师的要求比较高，不仅要求教师有高度的责任感和事业心，还要求教师对残疾儿童有真诚的爱心，在教学过程中有足够的耐心，资源教师需要承担起学科学习、思想教育以及行为习惯等方面的培养责任。

总的来说，这三种特教班办班模式都始终坚持在专家委员会动态测评的基础上，对残疾儿童进行多元安置，在实际操作中相互融通、不断变化。每一种特教班都有其优点与缺点，但是，只要有利于残疾儿童的身心健康发展和知识发展，就是适合该名残疾儿童的教育安置形式。常熟的实践经验显示，走班制、半日制、全日制模式分别是特教班的起步、巩固、提高阶段，是动态衡量所在学校残疾儿童变化的一个重要依据，也为标准化特教班建设、资源教室建设打下了坚实的基础。

常熟特教故事（一）：

常熟市古里中心小学的“按需供教”实践①

2005 年创办特教班以来，常熟市古里中心小学不断尝试，不断实践，潜心研究，通过多元的特殊教育安置模式和灵活多样的教育教学方法，全方位为残疾儿童服务，努力促进他们的身心健康成长。

一、特教班——让“双残”儿童进得来，留得住

古里中心小学现有 18 名残疾儿童②，其中 11 名安排在学校开设的特教班学习。这些安置在特教班的儿童既有智力方面的障碍，也有身体上的残疾。开办特教班，就是为了因材施教，为残疾儿童提供他们成长所需的特殊教育。

我们又根据这 11 名残疾儿童的学习生活、自理能力等情况，把他们分成 3 个组别。具体做法是：其中 5 名智力和身体都患重度残疾的残疾儿童，

① 本文选自《常熟特殊教育》2008 年第 2 期，有删改。
② 此数据为 2007—2008 学年的数据。

安置在“全日制”特教班，采用特殊教育学校培智班的方式开展管理和教学；其中3名残疾程度稍轻的残疾儿童，安排半天在特教班里学习，半天在普通班级学习；另外3名智力残疾再轻一些（仍然属于重度残疾）的残疾儿童，老师会根据他们的实际能力和每个人对不同学科的兴趣，有选择地为他们提供课中或课后辅导服务。

有一名脑性瘫痪且半哑的残疾儿童小可，因面部神经有问题，整天淌口水，走路也有一定困难。此前，家长认为自己孩子没有上学的希望，没有及时给孩子办理入学登记，因而耽误了两年时间。后来，相关部门通过上门走访、调查、评估，决定把小可安置到我们学校就读。我们又根据特殊教育指导中心专家的建议，让小可接受“半日制”特教班培养。如今，小可已经学会了简单的数学数数和汉语拼音识字，家长看到小可的进步与成长，感到非常开心。

二、随班就读——让智力残疾儿童跟着学，有进步

除了上述11名重度残疾儿童，我们学校还有7名中度或轻度智力残疾儿童，这7个残疾孩子勉强能够跟得上健全孩子的学习速度，且不会影响班级日常教学秩序，因此，我们把他们安排在普通班里随班就读。

对随班就读的残疾学生，我们要求老师努力做到“三个优先”，即教师备课时要优先想到班里残疾儿童；教师在开展教学时，要优先照顾班上的残疾儿童，要创造机会让他们表达自我、展示自我；教师在设计和布置作业时，要优先考虑班上的残疾儿童，有针对性地布置他们力所能及，同时又有益于其身心成长的作业。

有一个聋童小齐，从小失聪，戴着助听器进入我们学校普通班随班就读。几年来，他的任课老师坚持为他提供特殊需要教育。为了更好地与小齐交流，老师还专门去学习了手语。功夫不负有心人，小齐的学习进步很快，最近一次的数学测验还考出了98分的高分。

三、特殊政策——让特殊教育办得好，办得久

乡镇的残疾儿童家庭由于多种原因，家庭经济条件往往不佳，学校每学期都会为这些家庭提供一些经济帮助。2005 年创办特教班以来，学校对本校的残疾儿童实行所有学习费用全免的政策。逢年过节，学校还会对他们进行慰问，给他们发放礼品。

智力和肢体残疾的小艺自小患软骨病，基本不会走路。自从进入我校就读后，在校的生活起居都由同学照顾。走廊上、厕所旁总能看到有同学扶着他走路的情景。如今，小艺已从我校毕业，成为一名中学生了，回忆起小学时光，他逢人便夸小学班里的同学，夸学校的老师。

由于古里中心小学采取了灵活的“两条腿走路”的融合教育办学策略，多年来，古里镇小学阶段残疾儿童入学率始终保持在百分之百。

（二）从建设标准化特教班到实现义务教育阶段融合教育资源中心全覆盖

2011 年，在多年“特教班”建设经验的基础上，常熟市教育局下发了《常熟市普通中小学附设特教班办班标准（试行）》，在全市范围内开启了标准化特教班的建设。

常熟市普通中小学附设特教班办班标准（试行）

一、组织与管理（40 分）

1. 义务教育普通中小学（含九年一贯制学校）规模达 1 000 人以上，中、重度（由于各种原因无法进入特教学校的）残疾学生满 5 人以上，应当设立特教班。

2. 特教班学生的界定：由市特殊教育指导中心专业人员筛查或市级医院初步筛查。在学生法定监护人自愿的基础上，进行认定。

3. 特教班学生就读形式：可以根据学校实际情况。以采用全日制特教班形式为主；以校内“走班制”“半日制”等多种形式为辅。

4. 学校成立由校级领导全面负责的特教工作领导小组，学校设有特教工作分管领导，管理工作职责明确。学校有随班就读、特教班的教学工作计划、总结，定期对特教班工作进行分析研讨。

5. 将特教班纳入学校日常管理中，特教班工作管理制度健全，学生个别教学、成长记录等档案资料齐全。每学期参加1—2次特殊教育学校教育教学研讨活动。

二、师资与设备（60分）

1. 特教班配有专任特殊教育教师并享受特殊教育津贴。学生满5名必须配1名专任教师，学生数超过8人必须配2名专任教师。配备数量足够的兼职教师。

2. 选配优秀教师从事特教班教育教学工作：对残疾学生的教育帮助有爱心、耐心和恒心；具备现代教育理念；掌握特殊教育技能。

3. 专任教师必须经过特殊教育专业培训，并每年接受不少于1次由特教指导中心或特教学校举办的特教业务培训。

4. 特教班教室宽敞、明亮，建有用于学习与训练的情景区域，面积不少于50平方米。教室环境布置符合残疾儿童需要，有相应的防伤害设施，有适合特教班学生的活动场地，附近设有专用卫生等设施。

5. 按需配置特教班所需的课桌椅、讲台及视频转换仪、电视机、电脑、录音机等多媒体教学设施设备、图书以及其他设施设备。

6. 根据康复训练需求，配备一定数量的康复和感统训练的器材，配备适合当地经济需要的劳动技能训练的器材，配有家政劳动和烹饪技能训练等器材。

三、教学与训练（60 分）

1. 按照特殊（培智）学校课程标准开齐六类必修课程：语文、生活语文、数学、生活数学、生活适应、劳动技能、唱游与律动、绘画与手工、运动与保健等。根据学生特点，参考普通学校课程标准开设五类选修性课程：信息技术、康复训练、第二语言、艺术休闲和其他校本课程。

2. 制定符合特教班实际的学期各课程计划，做到“一类一案”。个别化教学计划做到“一人一案”，做到“四个有”：有具体的课时计划，有体现差异性的教案，有教学反思，有教学质量监控制度和措施。

3. 根据学生身心特点、认知能力和学习适应性，关注学生个体身心缺陷差异，制定个别教学计划和方案；合理安排训练课程，合理使用各类教材；充分挖掘和利用各种教学资源，及时补充并拓展教学内容。

4. 根据残疾学生身心特点，运用情景化、活动化、生活化的教学方法，利用直观、生动、现代的教学手段，有针对性地采用个别教学训练或小组训练，积极鼓励有效帮助。

5. 采用多元评价方式，及时对学生学习、运动、生活情况进行评估。学生个别教育档案详细记载学生教育及生长发育等过程性资料，做到一生一档（电子档案和文本各一份）。

四、评价与效果（40 分）

1. 学校办班思想端正，积极做好办班宣传工作，尊重监护人意愿。学校师生能接纳、帮助特教班学生，师生扶残助残形成良好氛围；特教班学生积极参与学校活动，教育融合成效显著。

2. 学生各项能力发展：文化学习明显进步；身体明显康复；动作技能明显提高；心理得到良性发展；生活自理能力和社会交往能力有显著提高。

3. 因地制宜开展劳动技能训练，使学生养成良好的劳动习惯，掌握一定的劳动技能，为将来生活自理、自食其力奠定基础。

4. 学校、家庭、社区联系紧密，家长支持孩子就读。家长对特教班工作评价较高，对学生发展水平满意率高。社会各界对特教班有一定知晓率和关注度。

在大力推进“特教班”建设的过程中，常熟市特殊教育指导中心逐渐总结出了在乡镇（街道）建设特教班的“三步走”经验。

第一步，初步建立特教班。为了顺利建立特教班，学校必须落实以下四方面的工作：

① 积极与家长沟通，取得家长的配合支持。

② 选择适当教室，配备必要的教学设备。

③ 挑选合适教师，给予专门的特殊教育教学与管理能力培训。

④ 制订教学计划，按特殊教育要求组织教学，实施班级管理。

第二步，建设标准化特教班。按照《常熟市普通中小学附设特教班办班标准（试行）》要求建设特教班，在“组织与管理”“师资与设备”“教学与训练”“评价与效果”四方面达到标准化要求。

第三步，办出特教班特色。在完成标准化特教班建设之后，各学校应根据本校实际和教师个人特色，尝试办出有特色的特教班。要办出有特色的特教班，应满足以下四个方面的条件：

① 创编适合残疾学生成长发展且有一定新意的校本教材。

② 制订有特色的特教班教学目标体系和评估方案。

③ 发展残疾学生的个性特长，培养他们的兴趣爱好。

④ 培养残疾学生的动手能力，探索残疾学生生活自理能力和劳动职业技能教育的新路子、新模式。

2012 年，为顺应国家政策，常熟市教育局下发文件《关于在义务教育阶段学校普遍建立“资源教室”的通知》，要求“在义务教育阶段尚未建立

‘特教班’的学校，都应建立‘资源教室’，并将现有的特教班教室更名为‘资源教室’”。同时发布了《资源教室基本装备目录》，为全市资源教室的建设提供了可以遵循的专业标准。

资源教室基本装备目录

一、资源教室面积20~50平方米。

二、必要的教育设施有黑板、讲台、实物投影仪、彩电、电脑接入宽带、课桌数张、资料柜。

三、特殊教育辅导用具（根据各校特殊教育对象需要而定）、教具、学具、1~6年级的教学用书，初中应配备小学、初中教学用书。

四、配备1~2名资源教师，或多名兼职资源教师。

五、服务对象为本辖区的残疾儿童、特殊需要教育对象、学习困难学生及心理障碍学生。

六、对已经认定的特殊需要教育对象，每周至少有一课时的个别辅导时间，定期对这些对象进行个性化的专业训练，并做好记录。

为规范普通学校特殊教育资源教室的建设和管理，充分发挥资源教室为普通学校残疾学生提供特殊教育、康复训练和咨询的重要作用，加快推进普通学校随班就读工作，教育部研究制定了《普通学校特殊教育资源教室建设指南》，并于2016年1月20日印发至全国各地教育行政部门，同时以附录的形式发布了《普通学校特殊教育资源教室配备参考目录》。教育部办公厅在转发按语中充分肯定了资源教室的作用：“特殊教育资源教室是推进残疾儿童少年在普通学校随班就读工作的关键支撑，对全面提高特殊教育普及水平具有不可替代的重要作用。”

考虑到有些普通学校确因客观条件所限，暂时无法建设资源教室，因而无法为残疾儿童少年提供就近的特殊教育服务，应将残疾儿童少年安排在所在乡镇（街道）的融合教育资源中心。融合教育资源中心是依托普通学校建设的、具有实施特殊教育的专业能力、为有特殊教育需要的儿童少年及其家长提供个别化教育与康复服务的机构，旨在将有特殊教育需要的儿童少年最大程度地融入普通教育，促进其身心更好发展与健康成长。融合教育资源中心的特殊教育对象包括视觉障碍、听觉障碍、言语障碍、智力障碍、肢体障碍、精神障碍（含孤独症）以及学习障碍、情绪行为障碍发育迟缓等有特殊教育需要的儿童少年。

2018年，常熟市就已建成了8个融合教育资源中心。2019年，为落实《江苏省第二期特殊教育提升计划（2017—2020年）》提出的“每个乡镇（街道）至少设置学前、小学和初中融合教育资源中心各一个”等相关要求，根据江苏省教育厅等四部门下发的《关于加强普通学校融合教育资源中心建设的指导意见》，常熟市教育局等四部门积极部署工作，在《关于开展“融合教育资源中心”建设的通知》中提出了明确的工作目标——“争取在2020年底前建成‘实现各学段融合教育资源中心全覆盖’”。

考虑到建设融合教育资源中心需要各部门的通力合作，《关于开展“融合教育资源中心”建设的通知》对各部门的工作做了具体分工。

① 教育局：规划安排合适的教室、场地和解决师资配置及管理。

② 残联：购置必要的康复器材和落实康复经费。

③ 卫健委：派遣医务人员参与融合教育资源中心工作，实行医教结合。

④ 民政局：派出社会工作者和志愿者参与送教上门服务。

各学段建成的融合教育资源中心，由市特殊教育指导中心根据建设要求，组织相关人员进行验收。验收合格的由四部门联合下发文件并颁发铜牌。

同时,《关于开展“融合教育资源中心”建设的通知》以附件的形式发布了《常熟市乡镇(街道)各学段融合教育资源中心建设基本要求(试行)》,具体内容照录如下。

常熟市乡镇(街道)学前融合教育资源中心建设基本要求(试行)

根据江苏省第二期特殊教育提升计划“每个乡镇(街道)应依托省级优质幼儿园至少建设一个学前融合教育资源中心,根据生源状况配备专用设备和专职特殊教育教师,有序接收残疾幼儿”的精神,特制定本市乡镇(街道)学前融合教育资源中心建设基本要求:

一、建立学前融合教育资源中心领导小组及日常管理机构,配备1~2名专职特教老师,备有2~3名康复资源教师。

二、学前融合教育资源中心应不少于50~60平方米,设立康复训练区和融合教育区。

三、资源中心配置一定数量的康复器材,为本地区中重度残障儿童提供康复训练服务,并做好使用记录。

四、配备彩色电视机、实物投影仪、电脑,接入宽带,为残障幼儿提供教学康复服务。

五、资源中心附近设有卫生间和无障碍设施,确保残障幼儿在安全便利的情况下接受良好的教育。

六、室内布置适合残疾儿童教育活动的情境区,辟有活动园地,布置残疾儿童的书画、美术等作品。

七、室内备有《现代特殊教育》和相关特殊教育资料,并配备资料柜,柜内备有一定数量的残疾儿童康复训练书籍及参考资料。

八、教室设有图书角,配备一定数量的适合残疾幼儿阅读的图书资料。

常熟市乡镇（街道）小学融合教育资源中心建设基本要求（试行）

根据江苏省第二期特殊教育提升计划“每个乡镇（街道）应依托普通中小学校至少建设小学和初中融合教育资源中心各一个，根据生源状况配备专用设备和专职特殊教育教师，有序接收残疾学生”的精神，特制定本市乡镇小学融合教育资源中心建设基本要求：

一、建立小学融合教育资源中心领导小组及日常管理机构，配备1~2名专职特教老师，备有2~3名资源教师。

二、小学融合教育资源中心应安排一间80平方米左右或两间标准教室，一间为康复训练活动室，另一间为融合教育资源教室。

三、资源中心配置一定数量的康复器材，为本地区残障儿童提供康复训练服务，并做好使用记录。

四、配备彩色电视机、实物投影仪、电脑，接入宽带，为残障儿童提供良好的教育环境。

五、资源中心附近设有卫生间和无障碍设施，确保残障儿童在安全便利的环境下接受教育训练。

六、室内布置适合残障儿童学习的教学情境区，辟有学习园地，布置残障儿童的书画、美术等作品。

七、室内备有《现代特殊教育》和相关特殊教育资料，并配备资料柜，柜内备有小学阶段教学用书和多类特殊教育教科书及参考资料。

八、教室设有图书角，配备一定数量的适合残障儿童阅读的图书资料。

常熟市乡镇（街道）初中融合教育资源中心建设基本要求（试行）

根据江苏省第二期特殊教育提升计划“每个乡镇（街道）应依托普通中小学校至少建设小学和初中融合教育资源中心各一个，根据生源状况配备专用设备和专职特殊教育教师，有序接收残疾学生”的精神，特制定本市乡镇（街道）初中融合教育资源中心建设基本要求：

一、建立融合教育资源中心领导小组及日常管理机构，配备1~2名专职特教老师，备有2~3名康复资源教师。

二、安排一间标准教室为融合教育资源中心的教育和训练场所。

三、资源中心配置必要数量的康复器材和职业技能器材，便于初中随班就读学生学习和训练时使用。

四、配备彩色电视机、实物投影仪、电脑，接入宽带，为残障儿童少年提供良好的教育环境。

五、资源中心附近设有卫生间和无障碍设施，确保残障儿童少年在安全便利的环境下接受教育训练。

六、室内布置适合残疾儿童学习的教学情境区，辟有学习园地，布置残疾学生的书画、美术等作品。

七、室内备有《现代特殊教育》和相关特殊教育资料，并配备资料柜，柜内备有小学阶段教学用书和初中阶段教科书及参考资料。

八、教室设有图书角，配备一定数量的适合残疾学生阅读的图书资料。

在具体的融合教育资源中心建设的过程中，常熟市构建了政府主导、跨部门统筹协调、普特协同作战的融合教育管理体制和运行机制。一是政府统筹谋划。建立了由市教育局、编办、发改委、民政局等十部门共同参与的联席会议制度，将融合教育资源中心建设列为年度实事工程部署实施。二是组建工作团队。建立市、镇两级融合教育资源中心领导管理小组；各校建立融合教育资源中心教学团队，由分管校长（业务园长）、教导主任、资源教师、康复训练人员、任课教师代表和家长志愿者代表组成；建立融合教育巡回指导团队，由市特教指导中心借助特殊学校骨干教师力量进行配备。三是扎实分步推进。选择融合教育基础比较好的乡镇（街道）中心学校（幼儿园）进行试点，原则上每个乡镇（街道）幼儿园、小学、初中各一所，然后逐步向残疾学生较为集中的其他学校（幼儿园）推开。

2019 年，常熟市实现了学前和小学阶段融合教育资源中心全覆盖，其中，学前融合教育资源中心 21 个（2019 年 10 月第一批建成 8 个，2019 年 12 月第二批建成 13 个），小学融合教育资源中心 19 个（2019 年 10 月第一批建成 13 个，2019 年 12 月第二批建成 6 个）。

2020 年，随着初中阶段融合教育资源中心的全覆盖，常熟市实现了义务教育阶段融合教育资源中心全覆盖，其中，学前融合教育资源中心 32 个（2020 年 8 月第三批又建成 11 个），小学融合教育资源中心 35 个（2020 年 8 月第三批又建成 16 个），初中融合教育资源中心 23 个（2019 年 10 月第一批建成 7 个，2019 年 12 月第二批建成 7 个，2020 年 8 月第三批建成 9 个）。同时开始着力打造职高阶段融合教育资源中心，实现融合教育向两头延伸（见表 3.1）。

表 3.1　常熟市融合教育资源中心数量统计

时间	批次	学前融合教育资源中心	小学融合教育资源中心	初中融合教育资源中心	职高融合教育资源中心	合计
2019 年 10 月	第一批	8	13	7		28
2019 年 12 月	第二批	13	6	7		26
2020 年 8 月	第三批	11	16	9		36
2021 年 10 月	第四批	17	16	2	1	36
小计		49	51	25	1	126

五、常熟方案：不断完善“送教上门”工作流程，充分保障重度残疾儿童受教育权益

对于无法进入学校随班就读或到特教班就读的重度残疾儿童，常熟市残疾人教育联合会将协调为其提供送教上门或远程教育等服务。常熟市于2012年对重度残疾儿童送教上门服务进行过小范围试验。但根据相关统计数据显示，至少在2014年之前，常熟市还有部分重度残疾儿童因行走不便或其他原因，无法到所在地的中小学正常就读，沦为失学的残疾儿童。

《第一期提升计划》指出：应“组织开展送教上门……为确实不能到校就读的重度残疾儿童少年提供送教上门或远程教育等服务，并将其纳入学籍管理”。2015年，常熟市教育局与残联联合下发的《关于“重度残疾儿童提供教育服务”的意见》，确定了送教上门的责任主体、工作任务和具体要求，文件中的相关内容摘录如下：

一、各校根据所在辖区重度残疾儿童受教育的需要，及时将这类儿童吸收到本校资源教室接受教育服务、康复训练，或组织相关人员进行送教上门服务。

二、送教服务对象的学籍、教材等由所在辖区学校负责管理。

三、送教服务教师的工作应记入学校工作量，所在学校负责交通费用。

四、市特殊教育学校负责送教对象的鉴定、评估，并协助所在学校为此类儿童制订个别教育计划。

五、市特殊教育指导中心负责全市送教服务对象的管理和协调工作。

六、各镇（区）残联要主动与所在地学校联系，落实残疾儿童受教育的具体形式。

随后，常熟市特殊教育指导中心牵头组织举办了多次送教服务志愿者教师培训、重残儿童家长培训和所在辖区学校分管教导培训等，逐步使所在辖区的学校领导、送教教师、学生家长明确在送教服务中各自承担的责任和要求，全市的送教工作开始全面铺开。2016 年，为了进一步做好“送教上门”教育服务工作，常熟市教育局又下发了《关于开展“重度残疾儿童送教上门服务”的工作意见》，在 2015 年《关于“重度残疾儿童提供教育服务”的意见》的基础上，增加了三项工作要求，并在文件中以附件的形式下发了《常熟市重度残疾儿童送教服务登记表》和《重度残疾儿童个别辅导及训练记录》，进一步完善“送教上门”教育服务工作流程。其中，增加的三项工作要求是：

1. 市特殊教育学校负责送教服务对象的鉴定、评估，并协助所在校(园)为此类儿童制订个别教育计划。

2. 各校（园）要落实残疾儿童受教育的具体形式。在执行中制订的送教服务计划表和送教活动的照片一并发送到“特教指导中心”，指导中心根据送教对象建立“一人一案”。

3. 各校（园）要按照要求，认真细致地做好“送教上门”服务工作。市特殊教育指导中心要认真做好培训指导工作，并开展检查落实工作情况，把“送教上门”服务工作真正落实到位，工作到位，为迎接省教育厅的检查做好全面工作。

《常熟市重度残疾儿童送教服务登记表》和《重度残疾儿童个别辅导及训练记录》照录如下：

常熟市重度残疾儿童送教服务登记表

<table>
<tr><td colspan="2">姓　名</td><td colspan="2"></td><td>性别</td><td></td><td>出生年月</td><td></td></tr>
<tr><td colspan="2">户口所在地</td><td colspan="4"></td><td>身份证</td><td></td></tr>
<tr><td colspan="2">类别及程度</td><td colspan="3"></td><td colspan="2">所在辖区学校</td><td></td></tr>
<tr><td rowspan="2">父亲情况</td><td>姓名</td><td>年龄</td><td colspan="4">工作单位</td><td>电　话</td></tr>
<tr><td></td><td></td><td colspan="4"></td><td></td></tr>
<tr><td rowspan="2">母亲情况</td><td>姓名</td><td>年龄</td><td colspan="4">工作单位</td><td>电　话</td></tr>
<tr><td></td><td></td><td colspan="4"></td><td></td></tr>
<tr><td colspan="2">送教教师</td><td colspan="5"></td><td></td></tr>
<tr><td>现状评估分析</td><td colspan="7">评估人员签名：
年　月　日</td></tr>
<tr><td>服务方式地点</td><td colspan="7"></td></tr>
<tr><td>学期训练内容计划</td><td colspan="7"></td></tr>
<tr><td>学期小结</td><td colspan="7"></td></tr>
</table>

辅导训练老师签名：　　　　　　　　年　月　日

重度残疾儿童个别辅导及训练记录

年　　月　　日

上次情况反馈	
本次辅导训练内容记录	
家庭训练要求	

本次辅导训练教师签名：　　　　　　　　　　家长签字：

目前，常熟市已形成了以下几种送教上门服务形式。

（一）“普”“特”合作送教

2014年，常熟市特殊教育指导中心牵头成立了一支由特殊教育学校教师和普通学校资源教师组成的“重度残疾儿童送教上门服务志愿者”团队，定期或不定期地为有特殊教育需要的重度残疾儿童提供上门送教服务，受到家庭、社会的一致赞誉。2016年，常熟市特殊教育学校又制订了《2016年常熟市特殊教育学校教师交流方案》，将送教上门工作与教师交流活动紧密结合，开始实行定期、定人送教上门（上校、社区）制度，并规定：至城区学校送教为交流，每轮交流年限为三年；至乡区为支教，每轮为两年。由学校按比例推荐符合交流、支教条件的教师，报教育局批准后确定正式人选，每位交流教师确定好一位残疾学生，每周至少用半天时间开展送教上门（上校、社区）活动，教师根据学生的具体情况认真制订好工作计划，备好每堂课，组织开展个性化教育、康复等活动，使重残儿童少年真正享受到教育的快乐，学有所得、学有所乐、学有所为。

常熟特教故事（二）：

我愿成为你的小太阳①

圆圆小班的时候，我就已经认识了这个特别的孩子：异于常人的活泼，异于常人的兴奋，异于常人的手脚——一不注意，人不见了；一眨眼，桌上东西都落地了；一瞬间，小朋友的玩具被抢跑了……幼儿园的带班老师有两个，三年时间，其中一个老师的手永远牵着她。幼儿园老师都对我说：“小汤，幼儿园念好你要准备接收了。”一年级报名的时候，她来了。我心中期许着：三年了，总会有进步的。兴冲冲地让孩子进了教室，不到十分钟我投降了：时时刻刻看着她，我怎么上课？于是家长陪读。两个月后，陪读暂停；暂停后的一个星期，每天处理她的琐碎事；于是继续陪读。就这么陆陆续续的三年，一直都放不开手。其间，圆圆被鉴定为三级智力残疾。圆圆有了妹妹，家长陪读暂停；孩子慢慢长大，又是班级中唯一的女生……种种因素交织在一起，家长也灰心了。正巧市教育局发文，开展重度残疾儿童实施送教上门服务。我认真研读了文件内容，并和家长做了交流，决定对圆圆进行送教活动。

工作十多年，对于送教也仅只有字面上的理解。送教，教什么？怎么教？我打开了尘封在电脑中送教培训的文件夹，认真阅读了培训内容，对

---

① 本文作者为常熟市浒浦学校小学部汤丽萍。

送教内容、具体操作有了一定了解。针对圆圆的个人特点和我所了解的知识掌握情况，为她购买了适用的教学材料和文具用品。

第一次送教前，我事先打了电话告知。当走到圆圆家的门前，轻轻地敲响门的时候，门就突然打开了。圆圆兴奋地说：“汤老师来了，我等你好久了。”那一瞬间，我深深地感受到圆圆希望走出家门的强烈愿望。于是，我鼓励她：“那咱们努力些，控制些，争取回到学校上课。”她用力地点点头。我们在堂屋坐了下来，告诉她这个学期汤老师会到家里来上课，要写字、数数、画画，还要学习简单的手工。和在学校上课时一样的，她很兴奋，手脚不停地活动着，但是我在旁边，她并没有特别的举动。我开始了第一次送教。首先，我准备了一本图画书，和她一起看看图，说说话，并有意识地让她跟着我说话，慢慢调整她错误的语言。第二步，写字练习。她能认识不少常用字，也可以仿写出来，但是写字的专注力非常差，需要不断地提醒和督促才能完成书写。第三步，数数练习。这个练习考验她，也考验了我，因为她的手脑完全不同步，嘴里数着，手里点着，却永远不在一个调上，六个苹果、十颗星星、十二只小狗足足花了半个小时，勉强在我的指点下完成。第一次的送教算是顺利完成了。结束了一对一的学习后，我又和圆圆奶奶聊了好一会儿，奶奶告诉我：在家里看着的时候也还好，一不注意也会捣乱，前几天还把妈妈的香水给倒了，被妈妈训了一顿，这两天表现还行，现在有了妹妹，也没有空去管她了，现在你来了，她也能安分一会了。我听了圆圆奶奶的话，心里不好受，要是可以的话，真希望圆圆能和其他小朋友一样，在校园里快乐地学习。

送教很顺利地持续着，平均每个星期一次。每次送教后，我都会准备好下一次的教学内容，并且会适时地为圆圆增加其他活动。冬天天气寒冷，我会减少书写内容，增加身体锻炼活动。我为她购买了一副三毛球，既可以对打，也可以自己玩耍。色彩鲜艳的三毛球上下翻飞，圆圆不时地哈哈大笑。夏天的时候，完成书写作业后，我会和她一起清洗一些小物件。她的小手在水中甩动着，有模有样地擦着肥皂，搓洗着，多么乖巧的孩子啊。我还会不定时地购买一些简单漂亮的手工材料：纽扣粘贴画、手工串珠、简易折纸等，在我的帮助下完成一根根手链、一幅幅图画、一个个小动物时，她会兴奋地告诉奶奶，这是我做的！

陪伴的时间是有限的，但是每一次的陪伴都能让她绽放灿烂的笑脸，我深感欣慰。美丽的花朵需要雨露的滋润和阳光的照耀，爸爸妈妈的关爱，爷爷奶奶的疼爱能让花儿尽情地吮吸雨露。圆圆，我愿成为你的小太阳，给你一片阳光，送你一片温暖！

常熟特教故事（三）：

小科同学，老师时刻关注着你[①]

我送教服务的孩子叫小科，是一名脑性瘫痪患儿，行走困难、智力障碍，语言表达能力很弱。刚开始送教的时候，我与小科一起学习简单的数学、语文知识。送教一两次后，我发现他的生活自理能力极差，大小便不能自理，且不会自己吃饭。

之前，我认为送教上门是对没有上学的残疾儿童进行文化知识教育，以便他们将来入学以后能够有一定的文化基础。通过实践活动我才渐渐地认识到，送教上门，不仅要孩子学习文化知识，还要培养他们的生活自理能力，指导他们养成学习习惯和培养行为习惯，逐步使他们能够进入学校学习；还要改变家长的一些落后观念，让他们能配合教师共同帮助孩子进步。

小科的语言能力和动手操作能力，都急需训练和培养，此外，他还需要一些行为习惯方面的教育和训练。所以，在送教过程中，除了学习文化知识，我还添加舌操手操游戏，渗透生活自理内容，融入日常行为规范，

① 本文作者为常熟市特殊教育学校徐利玉。

从他感兴趣的内容入手，将学习内容生活化、游戏化，让他在游戏中学习，提高他的学习积极性。

随着送教的深入，慢慢地，小科见人会打招呼了，每次见到老师都非常热情；开展活动的时候，会按照老师的要求有所配合；生活中也开朗了许多。

经过一段时间的送教服务，我感觉到单凭特殊学校的志愿者老师对重度残疾儿童进行送教很有限，这些重度残疾儿童更多需要的是康复训练，以及如何让他们在得到康复训练的基础上，增长学习能力，早日重返校园。因此，市特殊教育指导中心与市小蜗牛特殊儿童康复中心联系，请他们为送教对象进行康复训练。于是，他们派出了优秀的康复师为重度残疾儿童每周进行1～2次的康复训练。康复、教育的共同发力，使残疾儿童获得了更多的学习技能。

康复训练的过程中，康复师根据送教老师的要求，及时为小科进行了专项康复技能训练。小科最突出的问题是多动和攻击行为，他虽然并不想去打别人，只是想引起别人的注意，但是和别人互动过程中他不懂如何表达。一方面，送教老师给小科讲文明礼仪知识和小学生守则知识。另一方面，康复老师为他定期进行感统训练，提高他的协调能力。经过一年多的强化训练，小科意识到自己的行为，开始学会自我控制。

进行康复训练以后，小科的各项技能都有所提高，这些技能应用到生活中，起到了很大的作用，现在妈妈择菜的时候，小科还会帮着妈妈剥豆子。

送教上门，教孩子，更要教家长。在送教过程中，我发现很多家长都像小科家长一样，缺乏相应的专业知识，甚至缺乏教育知识。他们在教育特殊孩子的过程中，很容易进入误区，所以需要老师在送教过程中对家长也进行相关指导，共同努力教育好孩子。

小科的攻击行为和家长的溺爱、不作为有直接的关系。及时制止孩子攻击行为的发生，是送教老师、康复师及家长共同要做的一项工作。在训练中如果我发现了小科的优点、长处和进步，就正面引导、积极鼓励；当他遇到困难的时候，我就认真、耐心、及时地帮助他解决。这样，小科一些好的行为和表现被强化，不良表现和攻击行为被弱化。后来，每当小科有攻击行为，妈妈会及时去拉住他，并给他一定的“惩罚”；当小科表现好的时候，就会表扬他，给他一定的奖励。

经过老师、康复师和家长的共同努力，渐渐地，小科有了学习的意识和概念，送教时能自己做好学习准备，学习纪律也很好，能跟着老师读字词、数数，还能做简单的手工。

小科的进步得到了小科妈妈的认可，妈妈说：“以前看小科很多地方都表现得不好，都需要教、都需要学，家里为此做了很多努力，感觉自己做了一大堆事情，很累很累，结果不仅没有效果，小科还很反感。现在送教上门后，知道事情要一件一件来，选最简单的、最容易做到的和最需要的先来做。他自己会做，有进步，做着都有劲。”

送教服务，服务方式因人而异，老师要帮助送教对象找到最适合他的康复训练和学习方法，提供他最需要的康复技术和学习技能，帮助他解决最迫切的问题，直到他能走进校园，走进班级。通过两年的“康教一体”的联合送教，小科有了明显的进步，今年已经能进小学资源教室接受小班化的教学。

通过送教，我对未入学的重度残疾儿童有了更深刻的认识，也有很多的体会。第一，由于送教对象情况非常复杂，急需的内容各不相同，送教服务不能单纯依靠特殊教育学校的志愿者老师，还必须联合送教对象所在地的村、社区，联合康复机构或医疗部门，形成一个综合送教服务的能力，这样能更好地发挥各自的特长来为这些残疾儿童服务，使他们中的一部分尽快得到康复训练，并在这个基础上接受特殊教育。第二，送教服务，一般每周 1～2 次，每次 1～2 个小时，时间是有限的，对送教孩子的改变也是很小、很细微的。送教对象更多的时候和他们的家长在一起。送教过程中不仅是教孩子，更多是教家长。每次送教结束，都需要和家长交流送教对象的情况，让家长了解并积极配合，并嘱咐家长在送教老师离开后怎样继续训练，这样才能事半功倍，提高送教实效。

（二）康复机构联合送教

由于送教对象情况复杂，需求各不相同，单凭特殊教育学校的师资力量进行送教，服务力度和服务范围很有限，因此，还必须联合重度残疾儿童少年所在村、社区的康复机构或医疗部门，形成一个综合送教服务网络，这样能更好地发挥各自的特长，为残障儿童服务。考虑到重度残疾儿童需要更多的康复训练，为此，常熟市特殊教育指导中心与常熟市小蜗牛特殊儿童康复训练中心联系，请他们为送教对象进行康复训练。于是，小蜗牛特殊儿童康复训练中心派出了优秀的康复师为重度残疾儿童进行每周 1～2 次的康复训练，至此，常熟市开启了特教专家与康复机构联合送教的新局面。

常熟特教故事（四）：

我们的工作就是帮助孤独症家庭重拾希望①

一、初识

2010 年 7 月，我加入小蜗牛特殊儿童康复训练中心，开始我的特教生涯。在那里遇到了我生命中第 1 个、第 10 个、第 100 个学生……我的学生们是被世人称为星星的孩子，因为他们总在自己的世界中畅游，不爱社交，不会聊天。他们各自有不同的特点，却都有一个相同的名字——孤独症谱系障碍儿童。

---

① 本文作者为常熟市小蜗牛特殊儿童康复训练中心洪琼。

没有药物可医，需要终生干预。这就是孤独症家庭要面对的残酷现实。我见过许多家长放弃工作带着孩子四处奔波寻找康复机构；我见过爷爷奶奶对孩子说：“你怎么还不会自己走路呢，我都快抱不动你了。”我见过一个爸爸聊到孩子进步缓慢时忍不住地大哭。我见过有一个妈妈说孩子在公交车上怪叫。孤独症孩子的背后，是一个个家庭对未来无休止的痛苦和焦虑。

在语言、社交和行为障碍的背后，是孤独症孩子没有办法说出来的感受。他们同样渴望被爱，被理解；渴望赞扬，被接纳。

二、守护

自始至终我都带着敬畏之心从事特殊教育，因为许多家庭把希望寄托在我们身上，与其说我们在塑造孩子的行为，不如说是在塑造他们的人生。

在我刚入职的时候，我的老师曾经对我说，康复训练不是没有选择的选择，而是因为还有希望。特教老师背负着压力也承载着希望。每当遇到沮丧或迷茫的家长，我总用老师教我的这句话来鼓励他们，同时也勉励自己，我不敢妄言说：“我会陪孩子走一生的路。”但是，只要他们出现在我的课堂上，我都会用一颗父母心去陪伴他们。因为，我始终相信所有的孩子都能变成更好的自己；所有的孩子都应该有他最好的未来。

三、坚持

都说我们特教老师成就感低，在最初的一段时间，我也经历迷茫。很多孩子基础能力和学习能力都很弱，要花数以年计的时间练习目光对视，建立模仿能力，开发语言，纠正刻板行为。老师每天就在这样枯燥而重复的教学中等待他们成长。但是，我们特教老师也是特别容易满足的，一张新卡片、一个新发音常常能让我们激动很久，有许多孩子第一次喊妈妈是在我们的课堂上。我想，除了父母，只有作为特教老师的我们才能经历孩子们这么多的“第一次”，而正是这一次又一次的“第一次”让我八年如一日坚守在岗位上！

四、梦想

我们正处于一个美好的时代，政府对特殊教育支持巨大，习近平总书记也在党的十九大报告中指出：“办好学前教育、特殊教育和网络教育……努力让每个孩子都能享有公平而有质量的教育。”党的十八大以来，以习近平同志为核心的党中央带领全国各族人民，在实现中华民族伟大复兴中国梦的大道上奋力前进。中国梦是祖国复兴的大梦想，任何一个岗位上的个人都要用实际行动践行，而我的小梦想是越来越多的孤独症儿童能受到最好的康复治疗。随着政府和社会的越来越多的目光聚焦到孩子们身上，特殊教育的地位日益提高，我作为特教人也深刻地感受着其中的变化：特殊教育体系日益完善，资金扶持日益增加，项目支持日益丰富，公益联动日益热烈，这些都是这个时代带给这些孩子们的最好的礼物。

这个时代提供了最好的环境，作为一名特教老师我何其有幸。陪着孩子们一起成长，尽我所能帮助他们融入这个社会，这是我个人的小梦想。

五、初心

初心是起点时心怀的承诺与信念。加入特教恍然近十年，我依然记得当时暗暗下定的决心：做一名出色的特教老师，陪伴这些孩子以及他们的父母，让他们从绝望转变为重拾希望，从疑虑重重变为坦然自信，用真实有效的知识代替焦虑和无助，帮助他们实现原以为不可能的目标。

不忘初心跟党走，撸起袖子加油干，这不是一句空泛的口号，需要我们在实际工作中，立足本职、求真务实，以饱满的热情投入到工作中，用谨慎的态度对待每一位学生，踏踏实实地教好每一个孩子，在他们的身上去验证成功，继而看到每一个家庭的希望与未来，在平凡的岗位上，磨砺出不平凡的业绩。

（三）“小桔灯”送教志愿服务队

2019年，常熟市特殊教育学校党支部成立“小桔灯”送教志愿服务队，组织党员志愿者对全市重度残疾儿童开展送教上门服务。从此，常熟市重度残疾儿童“送教上门”服务又多了一支新生力量。随着“小桔灯”送教志愿服务队队伍的不断壮大，他们的足迹遍布常熟市各乡镇（街道），把党和政府的关爱、把知识和康复送到每一个重度残疾学生家庭。

常熟特教故事（五）：

一个孩子都不能落下

——特殊教育学校“小桔灯”党员送教服务在行动①

“推进教育公平，办好特殊教育”，是党的十九大对新时代我国基础教育发展提出的新要求。推进教育公平，就是确保“一个孩子都不能落下”。在常熟，有一支教师队伍深入每一个重度残疾学生家庭，他们用爱心、耐心和恒心为学生带去康复的希望，用不忘初心的实际行动赢得了家长、社会的高度认可。

一缕春风，吹遍送教路。

为让每一个孩子都能享有公平而有质量的教育，满足因重度残疾无法到校就读的残疾学生的学习需求，常熟市于2012年开展小规模送教上门服务。2015年，市教育局与残联联合下发文件，由特殊教育指导中心、特教学校、重度残疾学生所在辖区的中小学由点及面开展送教服务。2018年，面对不断出现的重度残疾学生家长的求助要求，常熟市特殊教育学校成立送教应急服务队，由4名党员教师带领青年团员组成，每周一次为重度残疾学生送教上门。至2019年，市教育局成立常熟市“小桔灯”送教志愿服务队，组织了志愿者老师对全市61名重度残疾学生实行送教上门服务，充

① 本文摘选自2021年5月18日《常熟日报·教育特刊》，有删改。

分发挥党员教师能吃苦、肯奉献、勇担当的风采。多年来，送教队伍不断壮大，增加到现在近百名，足迹遍布常熟市各乡镇，把党和政府的关爱，把知识和康复送达到每一个重度残疾学生家庭，让天使大爱遍洒虞城大地。

一抹阳光，携手送教行。

从 2012 年到 2021 年，送教上门活动一路走来，常熟市每一个残疾孩子都拥有了自己的专属守护人。在赵市圩港村有一个“微笑女孩”，先天脑性瘫痪的小丽生而不幸，她用微笑传递着自信、坚持、阳光，努力在爱的包围下与命运抗争。三年来，三位“小桔灯”志愿老师坚持一周一次为她送教上门。下蹲、爬楼进行大动作训练，画画、夹豆锻炼手部精细动作，小丽慢慢学会独立上下楼梯，使用筷子吃饭，刷牙洗脸，掌握了基本的生活自理能力。这只是众多送教志愿服务的一个缩影，当拉着孩子的小手交谈，握着小手教他们写字，牵着小手去散步；当听到言语障碍的孩子说出了人生第一个词语；当看到不会写字的孩子正确地写出第一个字……一幕幕画面更加坚定了送教老师携手点亮重度残疾学生心中梦想的坚定信念。

花开绽放，幸福融合至。

让残缺的花朵也能在阳光下绽放全部的美丽，这是常熟特教人对所有残疾学生的一份承诺。送教老师送知识、送康复、送技能、送温暖、送服务，为重度残疾学生创造了一个充满阳光的世界。目前为止我校送教老师为 5 人，送教学生共 10 人。每一次送教，都为了孩子的每一个进步，看到残疾学生也能迎着阳光，露出笑脸，大家都为之欣慰，为之振奋！九年来，全市送教上门成效显著，2021 年上半年，根据市教育局、民政局、残联、卫健委四部门要求，市特教指导中心开展送教上门对象专业评估，12 名重残学生经过一段时间的送教学习康复已具备了在普通学校融合教育资源中心学习的能力，这些孩子将进入所在辖区学校接受适切的训练教育，他们向着融合迈出了人生的第一步，这也是常熟融合教育深度发展的累累硕果。

“小桔灯”党员送教志愿者用智慧和爱心，用努力和坚守，创造了一个个生命的奇迹，擦亮了常熟新时代文明实践的闪亮品牌！

多年来，常熟市坚持“动态测评、多元安置”的教育安置策略，不断探索新的、适合残疾儿童教育需求的教育安置形式，扎实有效地提高了全市残疾儿童少年的入学率，切实有力地提升了全市特殊教育质量。在连续保持义务教育阶段残疾儿童入学率100%的基础上，不断推进融合教育向学前教育和高中阶段教育两头延伸，使得残疾儿童少年“学有所教”这一目标得以实现。

第四章

培训师资，改革教学，“学有优教”初见成效

习近平总书记在 2013 年教师节给全国广大教师的慰问信中指出：“教师是立教之本，兴教之源。”一个国家想要发展好融合教育，必须建设一支宏大的高素质的融合教育教师队伍，同时还要探索融合教师专业发展路径与“新人”培养机制。

而课程之所以重要，是因为教师、课程、教学是紧密相连的，只有通过教学活动，渗透在课程中的教育目标、教育计划才能“降落”到儿童身上，并在儿童身上发生效用，而发动这整个教学活动的主体，就是教师。

近年来，常熟市通过增加从事特殊教育工作的教师（主要指资源教师）编制，提升从事特殊教育工作的教师工资待遇等方式，吸引、培养了越来越多优秀的特殊教育专业人才。与此同时，常熟市采用三种师训形式，即转岗培训、在岗培训、跟岗培训，稳步提升全市特殊教育教师、专职资源教师和兼职资源教师的专业素养，保障残疾儿童“学有优教”。

在多年的实践中，常熟市始终坚持课程调整、教学改革共推进，以残疾儿童身心发展特点为基点，尊重个体差异，合理调整课程，科学选择教学策略。以基础性、差异性为重点，构建三种融合课程：普通课程关注教学内容的融合，特教课程倡导教学形式的融合，生本课程加强社会生活的融合，实现融合教育以学定教。以动态性、个别化为策略，探索三种教学特色，其中，学前教育阶段推行医教结合，义务教育阶段实行复式教学，高中教育阶段进行生涯规划，充分凸显融合教育因材施教。

一、融合教育教师素养与师训策略概述

建设一支数量充足、结构合理、素质优良的专业化融合教育教师队伍，为融合教育发展提供坚实保障，是我国当前和未来推进融合教育最重要的基础性工作。

2012年9月，教育部等五部门联合发布了《关于加强特殊教育教师队伍建设的意见》，这是中华人民共和国成立以来，国家层面颁布的第一个专门针对特殊教育师资队伍建设的文件，该文件对融合教育教师的培养和培训做了专门的顶层规划，提出应“加大特殊教育教师培养力度。制订特殊教育学校教师专业标准，提高特殊教育教师的专业化水平。……改革培养模式，积极支持高等师范院校与医学院校合作，促进学科交叉，培养具有复合型知识技能的特殊教育教师、康复类专业技术人才。支持师范院校和其他高等学校在师范类专业中普遍开设特殊教育课程，培养师范生具有指导残疾学生随班就读的教育教学能力。……开展特殊教育教师全员培训。对特殊教育教师实行5年一周期不少于360学时的全员培训。依托‘国培计划’，采取集中培训和远程培训相结合的方式，加大对全国特殊教育学校的教师的培训力度；各地要同步开展特殊教育学校教师和承担随班就读任务教师的全员培训。推进信息技术与特殊教育教师培训深度融合，为特殊教育教师专门建立网络研修社区，开展特殊教育教师教育技术能力专项培训，促进特殊教育教师专业发展常态化。教师培训机构要建立专兼结合的特殊教育教师培训队伍，加强特殊教育教师教研、科研队伍建设，提高培训的专业性、针对性和实效性”。[①]教育部在2014年印发的《关于实施卓越教师培养计划的意见》和在2018年发布的《关于实施卓越教师培养计划2.0的意见》则从师德、教育教学能力和自我发展能力等方面对我国融合教育师资队伍建设提出了更为具体的要求。

① 教育部等:《教育部 中央编办 国家发展改革委 财政部 人力资源社会保障部关于加强特殊教育教师队伍建设的意见》，2012年9月20日，http://www.moe.gov.cn/srcsite/A10/s3735/201211/t20121108_145542.html。

（一）融合教育教师专业素养概述

融合教育教师主要是指在普通学校中对残疾儿童实施教育教学，满足他们特殊教育需要的相关教师。一般可以包括三类教师：一是在普通中小学校里，担任融合教育领导工作的教师，主要是指校长、教导主任等；二是在普通中小学里，担任融合教育教学工作的教师，主要指残疾学生的班主任和任课教师；三是在普通中小学里，担任残疾学生个别辅导、康复训练的资源教师、巡回指导教师等。在我国大部分地区，主要由特殊教育学校教师承担巡回指导教师工作。

教师的专业素养是教师综合素质的集中表现，是教师作为一种专门职业内在的规范和要求，是教师在教育教学过程中表现出来的决定教育教学效果的对学生身心发展有直接或潜在影响的品质。国内外相关研究大多从专业理念（态度）、专业知识、专业能力（技能）等方面对教师的专业素养进行探讨。因此，融合教育教师的基本专业素养可以界定为：教师胜任融合教育教学工作所需要的基本专业素质和修养，包括专业理念和师德、专业知识、专业能力三个方面。

1. 融合教育教师应具备的专业理念和师德

融合教育教师应具有强烈的人文关怀精神，认识和理解融合教育工作的重要性，以及对学校、教师、健全学生和残疾学生的意义，热爱融合教育事业，具有职业理想和敬业精神；认同融合教育教师的专业性和独特性，注重自身专业发展；具有良好的职业道德修养，为人师表；具有团队合作精神，积极开展协作与交流。融合教育教师还要尊重学习者的多样性，对残疾学生有高度的爱心、责任心、耐心、信心和细心。融合教育教师应关爱、接纳和主动关怀残疾学生，重视残疾学生身心健康，将保护残疾学生的生命安全放在首位；尊重残疾学生的独立人格，维护残疾学生的合法权益，平等对待每一位学生；信任残疾学生，能够认识、理解、尊重和接纳残疾学生的差异性和多样性，主动了解和满足有益于残疾学生身心发展的不同需求；积极创造条件，让残疾学生拥有快乐的学校生活；重视残疾学生的全面发展和个性发展，兼顾缺陷补偿和潜能开发；尊重教育规律和残疾学生的身心发展规律，努力为每一个残疾学生提供适合的教育。

2. 融合教育教师应具备的专业知识

融合教育教师应了解特殊教育相关法律法规及政策规定；了解残疾儿童定义、分类，以及不同年龄及不同类型残疾学生的身心发展特点和规律，掌握保护和促进残疾学生身心健康发展的策略与方法；了解不同年龄和不同类型残疾学生的学习特点和行为特点，掌握使残疾学生养成良好行为习惯的知识；了解幼升小和小升初衔接阶段残疾学生的心理特点，掌握帮助残疾学生顺利过渡的方法；了解对残疾学生进行青春期和性健康教育的知识和方法；了解残疾学生安全防护的知识，掌握针对残疾学生可能出现的各种侵犯与伤害行为的预防与应对方法；了解学生的特殊性与其发展和学习如何相互作用，同时使用这种知识来为残疾学生提供兼具挑战性和意义的学习体验；理解语言、文化和家庭背景如何影响残疾学生的学习；能够理解个体发展的差异性，并能够应对残疾学生的个别需求。

融合教育教师应掌握特殊教育教学基本理论、原则、方法和内容；掌握残疾学生品行养成的特点和规律；掌握不同年龄和类型残疾学生的认知规律和教育心理学的基本原理和方法；能够同时使用一般课程和专业课程知识为残疾学生提供个别化的教学活动；了解所教学科的核心概念、结构以及研究工具，能够整合跨学科技能，使残疾学生取得有意义的进步；理解并使用一般和专业课程知识讲授跨学科知识来为残疾学生提供个别化学习；能够调整通识课程和专业课程知识，使其适用于残疾学生。

3. 融合教育教师应具备的专业能力

专业能力包括差异评估能力、学习环境的创设能力、制订教学计划和策略的能力、课程调整的能力、教育组织和实施能力、个别辅导与训练能力、激励与评价能力、班级管理能力、沟通与合作能力、专业发展能力、自我反思能力。

具体来讲，融合教育教师应具备的专业能力指的是：

能够运用多样化评估的方法和数据资源，对残疾学生的差异进行心理和教育评估，了解残疾学生的个体间差异和个体内差异，了解差异对残疾学生发展的影响、对残疾学生学习的影响，了解残疾学生智力水平、学习动机、学习兴趣、学习态度、准备水平等；能够选择和实施无歧视的正式和非正式评估；能够使用评估的基本理论和实践经验来解读评估结果，指导制订针对残疾学生的教育决策；能够正确应用专家的测评结论，客观评估残疾学生发育、缺陷、能力和成绩的能力。

能够建立安全、包容并且反映文化需要的学习环境，从而使残疾学生成为主动、高效的学习者，具有良好的情绪，形成积极的社会交往以及自我决定能力；能够与普通教师以及其他同事合作来创设安全、包容、反应文化需要的学习环境，使残疾学生参与有意义的学习活动；会使用能够激发动机并且具有指导性的教学策略来适应不同的环境；知道如何安全、恰当地干预正在从事危险行为的学生。

选择、调整并使用一系列基于实证的教学策略促进残疾学生的学习；在选择、建立和调整残疾学生学习内容时充分考虑个人兴趣、学习环境以及语言和文化因素；使用技术来支持教学评估、计划制订及实施；熟悉扩大替代沟通系统以及运用一系列辅助技术来支持的沟通和学习。使用策略促进残疾学生的语言发展和沟通技能提高；能够与学生本人、家长及专业团队合作来为残疾学生制订并实施针对多种环境及不同学习经历的教育和转衔计划；能够教会学生掌握技能并促进技能的迁移和概念化；能够向残疾学生讲授跨学科知识和技能，例如批判性思维以及问题解决能力。

融合教育教师的基本专业素养应作为融合教育教师职前培养、在职培训、绩效考核等工作的重要依据，这也是促进融合教育教师专业化发展、提高融合教育教学质量的重要指南。

（二）融合教育教师培养策略概述

开展融合教育教师培养工作，其目的是要培养出更多高素质的融合教育教师，同时不断促进、提升融合教育教师的专业化发展。融合教育教师专业化发展是指融合教育教师在整个职业生涯中，通过专门的特殊教育训练和终身学习，逐步习得特殊教育专业的知识与技能并在融合教育专业实践中不断提高自身的从教素质，从而成为一名合格的融合教育的专业教育工作者的过程。融合教育教师的专业发展是一个持续不断发展的过程，追求教师专业结构的完善和专业素养的提升。融合教育教师培养包括职前培养和在职培训。

我国融合教育教师职前培养模式主要有两种：一是在高等院校开设高等特殊教育专业培养专业化人才；二是在普通师范院校或者师范专业开设特殊教育课程培养普及性人才。截至 2018 年 6 月，全国已有 61 所普通本科高校开设特殊教育专业，在校生 1 万余人。2018 年，全国高职院校开设特殊教育专业点 37 个。[①]

我国于 20 世纪 90 年代开始重视特殊教育在职培训问题，引入了联合国教科文组织编写的《课堂上的残疾儿童——教师培训教材》，用以特殊教育教师培训。同时，针对三类残疾儿童的特殊教育教学需要，分别组织专

① 国务院新闻办公室：《平等、参与、共享：新中国残疾人权益保障 70 年》，2019 年 7 月 25 日，http://www.scio.gov.cn/zfbps/32832/Document/1660476/1660476.htm。

家编写了《视障儿童随班就读教学指导》《轻度智力残疾儿童随班就读工作手册》《听力残疾儿童随班就读工作手册》，用以指导特殊教育教师的日常教学工作。

尽管国家教育委员会等部门 1989 年就在《关于发展特殊教育的若干意见》指出“各地要采取多种形式，对在职特教师资进行培训，提高他们的业务素质”。但从实际情况来看，我国的特殊教育师资培训未能很好地满足我国特殊教育以及融合教育发展的需求。主要有以下几类问题：① 培训内容过于陈旧，未能与国际融合教育发展趋势同步；② 培训内容缺乏针对性，不能很好地回应和解决融合教育教师在教学一线遇到的真实问题和困难；③ 培训形式过于单一，通常以专家讲座为主，其他培训形式运用比较少，对一线教师的实践指导和经验交流、分享的机会较少，导致培训效果和教师参与的积极性大打折扣；④ 培训周期太短，参与培训的老师难以在短时间内消化培训内容；⑤ 不同机构组织的培训同质化严重，很多培训内容大同小异，使得有的教师多次甚至反复参加同主题培训，而有的教师又没有参加培训的机会，造成资源的极大浪费。

总的来说，我国现阶段的融合教育师资水平和师训水平都还较为薄弱，一方面是因为我国每年培养出的特殊教育专业人才数量仍然不能满足我国融合教育发展的需求；另一方面是由于我国普通学校中的融合教育教师大多由普通教师转岗而来，目前对这些专职或兼职的融合教育教师培训质量还有待提高。

正因为如此，《关于加强特殊教育教师队伍建设的意见》提出的应“改革培养模式……加大对全国特殊教育学校的教师的培训力度；各地要同步开展特殊教育学校教师和承担随班就读任务教师的全员培训……促进特殊教育教师专业发展常态化……提高培训的专业性、针对性和实效性”才显得迫切而且必要。

二、常熟方案：三种师训形式，保障学有优教

融合教育教师的专业发展有着不同层面的需求。从专业发展内容方面看，有专业理念和师德、专业知识和专业能力三个方面的发展需求。从培训形式来看，有短训班、远程网络培训、“教学观摩”等培训形式的需求。根据对融合教育教师所做的课程需求调查，结果显示，融合教育教师自述最需要学习的课程依次为：针对随班就读学生的教学策略、个别化教育计划实施策略、残疾儿童心理辅导技术、特殊教育基本理论、融合教育基本理论、残疾儿童评估技术、残疾儿童行为矫正技术……可见，融合教育教师对能够解决真实问题的专业能力需求最为强烈。因此，相关部门在为融合教育教师设计专业发展课程时应充分考虑他们的这些实际需求，设计更为恰当的培训主题、培训内容和培训形式，有效地促进融合教育教师专业发展。

基于特殊教育发展的历史和现状，常熟市积极探索满足融合教育教师专业发展的培训方式，逐渐形成了三种有效的在职师训形式，分别是转岗培训、在岗培训和跟岗培训，充分保障融合教育学有优教。

1. 转岗培训

特教班办班初期，新任特教班教师转岗业务培训主要有两种：集中培训、现场示范。通过这种培训，让转岗教师能在短期内掌握一定的特殊教育理念和方法，快速提高特殊教育教学业务能力，从而能够更好地适应融合教育发展的需要。2007 年，常熟市特殊教育指导中心与市教育局教研室联合在海虞中心小学举行了首次全市特教班教师转岗培训。2008 年，莫城中心小学开办了特教班，常熟市特殊教育指导中心选派教师与特教班教师一起制订教学计划，并进行现场备课和课堂教学示范。此后的每年暑假，

常熟市特殊教育指导中心都会组织开展相关培训工作，初办特教班的梅李中心小学、大义中心小学等都是通过这种转岗培训、现场示范，迅速提高新任特教班教师的教学能力。

常熟市海虞中心小学的蒋娇老师就是最早通过转岗培训成长起来的一批专任资源教师，在她的班级里，残疾学生已经完美地融合到班集体当中。以下是她转岗初期所撰写的一个残疾学生的教育故事，从文字中我们可以读出，一个转岗教师是如何一点一点发展自己的爱心与耐心的，又是如何运用自己的知识和智慧，一点一点寻求问题解决方案的。从这则教育故事中，我们还可以欣喜地看到，蒋娇老师已经在自觉地发展自己的融合教育科研能力了。

常熟特教故事（六）：

用爱的雨露滋润每一个孩子的成长①

在我的班级中，有一位残疾学生G。他上课多动，从来不听老师讲课，总是到处乱钻，大家都觉得他是个后进生。接手这个班级之前，我虽然未对他有多少了解，但也做过一些心理准备。我明白，如果我的工作做得好，不仅可以挽救G一个人，还可以由他一个人的转变带动整个班级的成长。因此，作为班主任，我特别重视对G的教育和引导。那么，我究竟该如何做呢？经过一段时间与G的相处，我总结出以下几点经验。

一、了解孩子实情，找准“症结”所在

要想转变孩子，首先必须走近孩子，了解孩子。G语言表达能力较好，但学习能力和自制能力相对较差。我从以前教过他的老师那里得知，G从来都不会主动听讲，作业也不写，老师们拿他没有办法，对他的学习几乎是放任不管的。G还经常在课堂上做出一些影响教学秩序的动作，比如，

① 本文作者为常熟市海虞中心小学蒋娇。

玩弄文具或玩具，发出声音，敲击桌子，东转西扭，甚至经常连人带凳摔倒（他一个人坐），搞得全班哄堂大笑。课间，G喜欢与同学打闹，在同学活动时捣乱。

了解到这些情况后，我不禁深吸了一口气，我该怎么去“对付”他呢？这样的孩子还能“治”吗？多个问号在我心头盘旋着。我教过各种各样的学生，像G这样的残疾学生还是第一次接触。不过，我始终相信，学生的个性品质不是天生的，而是在后天环境中逐渐形成的，因此，只要探清楚问题的根源，总有转变的可能。我期待着，也在摸索着。

二、激起孩子的自尊心，以此作为教育的突破点

自尊心是一种通过自我评价所产生的尊重自己，并期望别人、集体和社会尊重的自我情感体验，是一个人积极向上的内部动力之一。一个人如果缺乏自尊，就会自轻自贱，甚至自暴自弃。一个人如果自尊心受到了伤害，可能就会产生对立情绪，从而不听管教；产生自卑情绪，从而消极沉闷；进一步的表现可能是疏远集体，或故意违纪……

G在生活能力上没有什么问题，所以，他应该同其他学生一样，也具有强烈的自尊心，我打算以自尊心为突破点来引导他。

有一天，我发现收上来的课堂作业本少了一份，组长告诉我是G没交，“他一向不交的”。哦，我想起他以前的老师跟我说的话，“G从来不交作业的呀！”我走到G身边，询问他为什么没交，他没有回答我，只是拿出本子来。

“G，你要留下来写吗？大家都交了呀！”他点点头，拿出笔来一声不吭地写。“好的，那老师等你。”

G的爷爷来接他了，我告诉他，G正在补作业。他的爷爷说：“好的，我等他。”他的爷爷告诉我，G以前都不肯写字，很懒的。我马上回应说，G今天表现很好，写得很认真，字写得也很端正。G的爷爷原本想继续数落孙子的不是，看到G在我的指导下认真地练字，爷爷脸上有了笑容，很

耐心地在边上等他。最后，G 完成了他在学校的第一次课堂作业，我和他爷爷都表扬了他。

三、提出希望，鼓励上进心

对于像 G 这样的残疾孩子，我们应该设定一个他们通过一定的努力就能达到的目标，使其有动力朝着这目标努力。达到了目标，就给予其鼓励和奖励。未达到目标，只要有进步，也应抓住其闪光点给予鼓励。

通过一段时间的观察了解，我发现，G 虽然比较好动，但是每次写字都能照着写，而且字迹也很工整。鉴于此，我就给他提了个新要求，希望他课堂上多用点时间来练字和抄写，这些都是作业，完成好了也可以加分的。于是，我每天都会几次走到他身边看他的习字册和抄写本，希望他少做其他事情，多写作业。G 每次写完作业，我都会及时给他批改，还在全班同学面前报告 G 的作业完成情况。同学们都感到很惊讶，我趁机问大家，G 是否有进步，全班同学异口同声地说：有！然后，我呼吁全班同学为 G 鼓掌，希望 G 继续努力。就这样，一个学期下来，词语的抄写 G 一课都没缺，习字册也写了大半（我另外奖励了他一本，他有时拿另一本写）。捧着那本字迹工整的作业本，我在想，其实只要设定的目标合适，再给予适当的引导与督促，每个孩子都能朝着这个目标努力，每个孩子都能达成自己的成长目标的。苏霍姆林斯基说：“教师的技巧就在善于察觉儿童的天赋，善于确定足以使他施展他的智力和创造力的领域，并向他提出一些克服困难从而促使他的才能进一步发展的那种任务。”

四、运用班集体力量，助其融入集体

作为班主任，我们必须认识到，班级是一个集体，每个孩子都要融入班集体之中，班级才能健康成长。

之前，G 与同学难以融洽相处，他的不少行为甚至引起同学的反感和抵触。针对他好动，又喜欢在课堂上捣乱这些特点，我开始思考：怎么让他安静下来呢？

我在班级中设置了积分机制，学生的学习成绩、平时作业、平时表现都属于计分项。G 虽然大部分作业都不做，平时测验成绩也没有，不过，只要他练了字或抄了词语，我就给他计入平时作业得分；只要他在一节课中没有发出声响，没有影响到别的同学，我就给他计入平时表现得分……全班同学也很配合，都认同我的做法，这样一来，G 加到了不少分，在课堂上确实乖多了。其他同学也开始经常给予 G 表扬和肯定的掌声。

在课间，因为其他同学都不跟他玩游戏，G 就总是在同学活动时去捣乱。通过观察，我发现 G 其实也懂得同学玩的那些游戏活动，他也会玩，也想玩。我何不以此切入呢？冬季“三项锻炼”开始了，班里课间要训练跳长绳，我对大家说，全班同学都要去试试，最后才能选定谁参加比赛。我说“全班同学”，当然也包括 G。G 显得很开心，跃跃欲试。我悄悄在他耳边叮咛：“跳的时候要守纪律，你只要不捣乱就能入选。”两次课间训练之后，班长过来激动地告诉我：“G 跳长绳跳得很好！”后来，G 真的被选为参赛队员代表班级参加比赛。

G 很努力地训练，大家都说 G 越来越热爱集体了，为班级争光了。G 的脸上慢慢有了笑容。

通过此事，我发现他很有集体荣誉感，这种心理是推动人们互相团结，建立功勋的一种力量，同时也是人们克服个人缺点和错误的内部动力。这次比赛在他的心灵深处形成了一股巨大的推动力，促使他克服了许多缺点，有了明显的进步。

在 G 身上的教育实践让我体会到，对残疾学生实施的特殊需要教育是一项长期的、复杂的、艰巨的系统工程。一个残疾学生的转变，需要教师付出更多的爱心，更多的劳动和智慧，需要教师持之以恒，深入实践探索。同时，这段经历也让我深刻地意识到，我们应当摒弃对后进生的偏见，多给后进生一些爱心，尊重其自尊心，树立其信心，让爱的阳光温暖每一个孩子的心灵，让爱的雨露滋润每一个孩子的成长。

2. 在岗培训

2009年开始，随着特教班数量快速增长、特教师资队伍不断壮大，常熟市启动了分类别、分学科的专业培训。常熟市将全市特殊教育培训项目，逐步分为教学研讨培训、学科专业培训、课堂展示培训、暑期特教理论培训等多种形式。常熟市教育局教研室每年组织两次全市特教班教学研讨活动，常熟市特殊教育指导中心分别和苏州市特殊教育研究会、市残联等联合举办学科专业培训，常熟市特殊教育学校每年组织一次特教课堂教学研讨，常熟市教师进修学校（现为常熟市教师发展中心）每年组织两次全市特教暑期理论培训。

2014年入职常熟市王庄中心小学的薛婷毕业于特殊教育师范学校，在刚入职的那段时间，她也深感困惑与迷惘，感觉书本里学过的知识完全无法应对教育现场遭遇的问题。不过，她很快就从常熟市日常化的特殊教育培训中汲取到了能量，并一步一步让自己获得了专业上的成长。

常熟特教故事（七）：

成长①

记得第一次接触特殊教育是在一个讲座上，主讲人是南京特殊教育职业技术学院的丁勇教授，他说了这样一段话：“自古以来，人类就幻想能像鸟儿一样飞翔，飞过高山，飞跃大海，去追寻心中的梦想。然而，有这样一个群体——残疾儿童，他们是折翼的天使……”那一次讲座，让我接触到特殊教育，并与特殊教育结下了不解之缘。

---

① 本文作者为常熟市王庄中心小学薛婷。

2014 年初，我在常熟市特殊教育学校聋部实习。一次，我被临时安排到培智班看班。虽然早有准备，但这短短的 40 分钟还是震惊了我。刚开始，孩子们都安静地坐在位置上。渐渐地，有个孩子坐不住了，不停地打扰周边同学，无论我怎么阻止都没用。我想把他拉到一边，他却拼了命地抱住我，末了，狠狠地在我手臂上咬了一口。当我掀开衣服，手臂上竟然出现了一个深深的齿印，部分地方还破了皮。那一刻，我的内心出现了挣扎：如果成为特教老师，或许以后每天都要面对这样的事，我真的承受得了吗？我真的能走上这三尺讲台，成为一名称职的特教老师吗？总之，那时的我，就像是黑暗中的孩子，茫然无措。幸好，一直以来的梦想，就像是一盏明灯，给了我方向，给了我走下去的坚定信念。

2014 年夏天，我如愿以偿通过考试，成为常熟市王庄中心小学的一名随班就读教师。我当时带的班里也有一位中度智力障碍学生，听说他也曾咬过人，会无缘无故跑出教室，在学校里游荡。回想起之前在特殊教育学校实习的经历，我都有点不敢主动上前关心。

有一天，他又跑出了教室，跑向学校围墙，只见他小小的身子蜷缩在一起，孤零零地蹲在墙边，手中拿着石子不停地画着。我慢慢地走向他，在他身后悄悄地看。他画的图案线条歪歪扭扭的，并不是很清楚，但依稀可以辨认出他画的是一位女性，或许是他的妈妈。

“乐乐，你画的是谁呀？”

“是妈妈。”

“你为什么要画你妈妈呢？”

“妈妈不见了，我想去找她。”

我脑中瞬间一片空白，随后不禁想道：原来他每天跑出教室是为了找妈妈？是啊，事出必有因，我为什么就不愿意去问一问，帮一帮他呢？经过了解，我知道乐乐的妈妈跑了，爸爸常年在外打工，只有爷爷奶奶陪在他身边。作为老师，我应该承担起这份责任，让笑容重现在他脸上。

此后，乐乐就成了半日制特教班的一员，我为他选择了合适的教材，安排了靠近讲台的座位。我先对班里的其他同学进行劝导，希望他们能理解乐乐，对他的一些行为，能宽容的就宽容。乐乐有时会自言自语，我便在一旁耐心地倾听，并用儿童化的语言和他聊天。

如今，我已经和乐乐一起走过了三年，乐乐的异常行为越来越少，脸上的笑容也越来越多。现在，乐乐能明白预备铃响后应该回到教室。上课时，他能听懂老师的指令，较安静地坐在位置上，不再出现随意跑出教室的行为。虽然在课堂上他偶尔还是会分心、做小动作，但在老师的提醒下，他都能及时改正。在他的作业本上，再也不是歪歪扭扭，如蚂蚁一般的“墨团”，而是工工整整、端端正正的字迹。课外阅读时，他懂得挑选适合自己的图书，读出其他特教班同学不懂的字。比赛中，他能挺起胸膛、毫不胆怯地介绍自己，并能顺利地将事先排练的古诗歌吟诵出来。看到他一点点的进步，我体会到了身为一名教育者的幸福。

过去三年和孩子们相处的一千多个日子里，他们让我笑过，让我哭过，让我感动过。我忘不了孩子们认真的表情，忘不了孩子们渴望的眼神，更忘不了我与孩子们之间发生的那些点点滴滴的小故事。孩子们的成长，让我体会到了当老师的快乐，让我体验到了做班主任的快乐，让我感觉自己正沐浴在太阳底下最崇高事业的光辉中。

三尺讲台，舞台虽小，但我手捧师爱，憧憬明天。一间教室，视野虽短，但我热爱学生，无悔青春。在特教这条路上，我将继续着我和这群学生的故事，也许平凡，但绝不平庸。也许艰辛，但依然温暖。因为，成长是我和孩子们共同的期许！

3. 跟岗培训

近几年，常熟市启动了城区、农村教师交流工作，推进全市教育均衡发展，于 2016 年研究出台了《常熟市特殊教育教师交流方案》，并探索了两种教师跟岗交流形式：骨干教师巡回指导、特殊教育教师送教上门。积极选派乡镇特教老师到特殊教育学校短期跟岗挂职锻炼，同时选派特殊教育学校骨干老师定期进驻相关乡镇学校跟岗指导特教工作，全面提升我市城乡一体特殊教育水平。

一般情况下，特殊教育学校骨干老师进驻乡镇学校跟岗指导特教工作时，除了检查、指导学校的特教管理工作，还会到随班就读班级或资源教室听现场课，并有针对性地给予教师班级管理和教育教学上的建议。以下是常熟市张桥中心小学的朱凤老师在被专家随堂听课后，写下的反思性文字。

常熟特教故事（八）：

记一次被随堂听课后的教学体会①

今天，常熟市特殊教育指导中心的陆校长和高书记来我校听课指导，我很荣幸地被听了课。说实在的，我既高兴又紧张。高兴的是，专家们可以帮我指出不足，以便我在今后的教学中少走弯路；紧张的是，凭我目前的教学经验和能力，我的课能令专家满意吗？

我一直以为，教育孩子，特别是教育残疾孩子，一定要在生活上关爱他们，让他们体验到快乐。然而，在培智教学中，我应该怎样在课堂上让孩子们既能学得有趣，又能掌握更多的知识呢？这是我一直在思考的问题。

今天的课，我分成三层来教学，分别是一、三、六年级的层次。

---

① 本文作者为常熟市张桥中心小学朱凤。

在教学一年级数学“7-5”的减法中，我的做法是：出示 7 个桃子，送 2 个给小猴子，问学生：用什么方法来做？（这是一节复习课）

专家说，我这样提问，学生其实不理解我的问题，因此我的课在这个环节陷入了僵局。他们给出的改进意见如下：

先出示 7 个桃子，让学生数一数，拿走 2 个后，再让学生数一数，然后问学生，刚刚的 7 个和现在的 5 个有没有变化？学生说“有的”，老师再介绍 7-5=2，并告诉学生这就是减法。先让学生有一个直观的感受过程，再揭示其中蕴含的数学方法，这样的教学，智力障碍学生才更容易理解。

我的体会是：在以后的教学中，我应该注重课堂语言的组织，在课前备课上多下功夫，每一句话，每一个教学重点，都要反复揣摩，找到有利于孩子学习的好方法。

这节课中，我给三年级学生讲的是求相差数的应用题。

专家说，我的课件应该再完整些，在比较多少时，两棵树之间应该加一根虚线，这样，学生就能直观地感受到树的高矮。在课堂语言方面，应该更加有童趣，这样有利于调动学生的学习积极性。

我的体会是：在备课时，我更多的还是用一种“教师视角”想当然地认为我这样说，这样做，学生就能理解。我需要多站在残疾学生的立场来思考问题，考虑他们的接受能力；在重难点知识的教学上，应当多用且用好信息技术，让学习变得更加直观。同时，我还需要好好锤炼自己的教学语言，让我的课堂变得更富童趣。

通过专家指点，我还明白了，在培智教学中，应该遵循“低起点，小步子，多循环，个别辅导”的原则，逐步让学生掌握知识。在做复式课堂教学设计时，三个层次的教学一般是新授课、拓展延伸课和复习课，应把新授课放在最开始来上。专家们还告诉我，在数学课中，对一些学生很难一下子就理解的内容，我们应当降低台阶，放低要求，在应用题教学时，应先上准备课，帮助学生先读懂题意，再进行计算教学。

通过这次随堂听课，我深深地感受到要当好一名特教老师是非常不容易的，接下来，我会严格要求自己，努力反思、总结、积累经验，不断提升自己的专业能力。

常熟市通过分层式、多样化的专业培训（见表 4.1），建立了一支数量充足、结构合理、素质优良、富有爱心的特殊教育教师队伍（见表 4.2），教师队伍的特教理论水平、教育教学能力都得到了大幅提升。近十年来，常熟市累计培训教师近 2 万人次，全市普通学校教师特殊教育培训覆盖率达 40%，资源教师、随班就读教师特殊教育培训覆盖率达 100%，年培训经费 6 ~ 8 万元。

表 4.1　2016 年以来常熟市开展的特殊教育教师培训活动一览表

培训时间	培训内容	培训对象
2016 年 5 月	常熟市“送教服务”工作分管教导专项培训	分管特教的教导主任
2016 年 8 月	常熟市义务教育阶段特教班教师培训	特教班教师
2016 年 8 月	常熟市义务教育阶段随班就读数学骨干教师培训	随班就读数学骨干教师
2017 年 6 月	苏州市送教（康）上门工作师资培训（常熟市）	中小学（幼儿园）负责特殊教育的相关教师
2017 年 7 月	常熟市第二期特教管理员培训	特教管理员
2017 年 8 月	常熟市第二期幼儿园康复资源教师培训	幼儿园资源教师
2018 年 7 月	常熟市普通中小学分管特殊教育校长培训	分管特殊教育的校长
2018 年 8 月	常熟市第二期随班就读语文骨干教师个别化教学研修培训	随班就读语文骨干教师

续表

培训时间	培训内容	培训对象
2018年10月	2018年特教档案管理员专题培训	特教档案管理员
2019年4月	常熟市特教班教学研讨活动	特教班教师、随班就读教师
2019年6月	常熟市幼儿园特殊教学研讨活动	幼儿园业务园长、资源教师
2019年8月	常熟市幼儿园康复资源教师能力提升培训	幼儿园资源教师
2019年9月	2019年特教档案管理员专题培训	特教档案管理员
2019年11月	常熟市融合教育骨干教师专题培训	融合教育骨干教师
2019年11月	部分幼儿园园长参加的融合教育骨干教师培训	幼儿园园长
2020年7月	常熟市小学随班就读数学骨干教师培训	随班就读数学骨干教师
2020年8月	常熟市融合教育专任教师培训	融合教育专任教师
2020年11月	常熟市中小学校融合教育分管校长研修班	融合教育分管校长
2020年11月	常熟市融合教育骨干教师康复技能培训	融合教育骨干教师

表4.2 常熟市特殊教育教师队伍基本情况表

类别	年龄结构	人数	占比	总计	学历、专业情况
特殊教育学校教师	30岁以下	7	17.9%	39	本科学历38人，占比97.4%。其中有24人毕业于特殊教育师范院校，所学专业包括特殊教育、培智教育、学前教育、康复专业、孤独症等
	30—40岁	15	38.5%		
	40岁以上	17	43.6%		

续表

类别	年龄结构	人数	占比	总计	学历、专业情况
普通学校专职资源教师	30岁以下	3	15%	20	本科学历20人，占比100%。其中有8人毕业于特殊教育师范院校，所学专业包括特殊教育、培智教育、学前教育、康复专业、信息技术等；另外12人也已参加过省培，取得了资源教师资格证
	30—40岁	9	45%		
	40岁以上	8	40%		
普通学校兼职资源教师	30岁以下	47	20.8%	226	本科学历202人，占比89.4%。226名普通学校兼职资源教师中，有48人拥有3年以上融合教育工作经历
	30—40岁	83	36.7%		
	40岁以上	96	42.5%		

三、常熟方案：三种融合课程，实现以学定教

联合国教科文组织指出，融合教育课程作为实现融合教育的一个重要途径，其核心意义就在于“融合”的原则在教育系统中诉诸行动。因而，融合教育课程是一种普通学校为满足所有学生不同学习需求、学习风格以及文化背景等多方面的差异而设计的，弹性的、相关的和可调整的综合课程体系。它以实现教育公平与提升教育质量为目标，改变了传统课程标准化的、封闭式的、不考虑学生异质性特征的课程设计方式。

（一）融合教育课程的分类

我们可以把融合教育课程分为三类：学业课程、社会发展课程与补充课程。这三类课程，既有国家课程规定的目标和内容，也有学校根据自身情况而开发的校本课程的目标和内容。

1. 学业课程

学业课程以学生的学业成就为目标导向，也是融合教育课程的核心内容。学业课程主要表现为具体的分学科的课程，这里面既有国家规定的部分，也有学校自己开设的部分。

2. 社会发展课程

社会发展课程以学生的社会适应能力与发展性能力为目标导向。社会适应能力和发展性能力是儿童建立良好人际关系和融入社会的基础，同时对儿童个性、人格的形成有着重要影响，对于有特殊教育需要的儿童来说，社会适应能力和发展性能力对提高他们的独立性、增强对学校与社区活动的参与能力以及形成积极的个人体验至关重要。同样，社会发展课程也包含了国家规定的部分与学校自己开设的部分。

3. 补充课程

补充课程以生活技能培养和完成社会衔接任务为主要内容，有特殊需要的学生往往需要学习健全儿童在校外通过自我探索、模仿、非系统的口耳相传就能获得的一些知识，如基本的卫生习惯、生活自理能力、性别角色等。同时，残疾学生到高年级以后，面临社会转衔的问题，学校课程中必须提供相应的过渡课程与服务来支持他们适应以后的成人生活，发展相关的职业能力与独立生活技能。补充课程要求的课程目标很多都是国家课程要求的目标，如良好的卫生习惯、待人友善、合作意识等，补充课程不是将残疾儿童的个别化特征个别化对待，而是融合背景下教育服务多样化的一种体现。

（二）融合教育课程的实施原则

融合教育课程与传统的学校课程在具体实施时也是有区别的，主要差异表现在课程的灵活性与可调整性上。国际教育委员会提出，融合教育课程必须是弹性化的和可调整的，以满足终身学习者的不同特征与发展需求。

1. 弹性化原则

以每个儿童都能充分参与到课堂活动中并都能有所成就为前提，弹性化原则主要体现在课程传授方法、课程材料和课程评估上。

课程传授方法的弹性化指课程传授方法的设计要能够适应不同背景、不同学习偏好的学习者。弹性化并不等于降低学业标准，融合教育理念要求教师更多关注学生的个体差异，运用弹性的教学方法可以更好地应对这些个体差异化特征以及随之而来的差异化需求。

课程材料的弹性化指教师授课时不应局限于传统的、固定的课程材料形式，凡是有助于学生获取课程信息、参与课堂学习的课程材料，如大字课本、音频播放器、视频播录设备、触摸板等，教师都可以根据学生的特殊需求予以灵活使用。

课程评估方式的弹性化主要是相对于传统的、标准化的评估方式来讲的，传统的以结果为导向的评估方式不再适合融合背景下的课堂，融合教育强调以能力发展为导向的评估，其评估形式可以是论文写作、工作陈述、旅行记录、小组项目等。

2. 灵活性与可调整性原则

与此同时，融合教育课程具有更强的灵活性与可调整性，更强调因材施教。当然，并不是所有的融合教育课程都需要做调整，例如，对大多数肢体残疾的学生来说，课程基本不需要做任何调整；对于大部分低视力的学生来说，只要为他们提供大字课本和视力辅助设备，他们就可以和健全学生学习同样的课程。

（三）融合课程的三种运用模式

在融合教育发展的过程中，常熟市坚持以学定教的原则，逐渐形成了三种融合课程运用模式，以满足不同学生的特殊教育需求。

1. 普通课程："共性+特需"

普通课程关注教学内容的融合。对于走班制和半日制特教班学生，教师选用的是和健全学生一样的课程，倡导教学内容和普通课程深度融合。通过适当调整教学要求、制定个别化教学计划等形式，来补充并保证学习内容的相关性和延续性。并积极采用伙伴助学、个别辅导等方式，形成师生、生生之间全方位、多角度的融合，从而满足学生特殊需求，促进残疾学生智力和非智力因素的和谐发展，进而有效提高教学质量，真正实现融合教育。

常熟特教故事（九）：

在语文教学中关注随班就读学生[①]

提到"随班就读"，许多教师会把它跟智力障碍、低能、残疾这些名词联系起来，因为这些学生与班级其他同学存在一定的差异，表现为缺乏自信、学习被动或能力缺失，对完成学习任务有很大的困难。在班里他们人数极少，如果教育者不及时关注他们，往往会使学生敏感地认为自己遭到遗弃，从而或自我封闭，或破罐子破摔，产生这样那样的心理问题。因此，随班就读不仅要让残疾学生学到科学文化知识，更重要的是要关心他们的情感，使他们保持良好的心态，增强信心与克服困难的勇气。作为一名中学教师，在重视学生成绩的同时，对于班里的这些残疾学生还应该施"重肥"，培"沃土"，促使其健康地发展。

① 本文作者为常熟市新港中学朱雪娟。

爱生之心，师皆有之。俗话说，热爱学生是教师的天职，没有爱就没有教育。但俗话又说了，“爱难看的孩子才是真正的爱”，所谓“难看”的孩子，不仅包括传统意义的“差生”“调皮学生”，还包括生理、智力等方面有缺陷的孩子。

今年，我新接的班级也迎来了一位残疾学生。几天接触下来，我发现他其实蛮可爱的，性格开朗，有不懂的问题都会主动来问我。但是，他在跟老师说话的时候，不敢正面看老师，明显缺少自信。我决定先帮助他建立自信。

尺有所短，寸有所长，每个人身上都有自己的闪光点，作为老师，我们要善于发现和把握这些闪光点，创造契机，给他们多一些表扬鼓励，少一些批评教育，引导他们充分地、自信地表达自己。

有效的课堂教学是保障随班就读教学质量最重要的一环，在教学设计时，我需要考虑整体与个别的关系。在课堂上，我一方面要做到“顾全大局”，另一方面也要利用知识的趣味性，充分调动这个孩子的学习热情，为他创造更多参与课堂的机会。比如，在教到《狼》这一课时，他表现出了极大的兴趣，我充分觉察到了这一点，于是，在后续的备课时，我根据他的个体情况为他设计了部分适宜的问题和任务，让他有更多的成功体验，从而能更积极地参与到课堂学习之中。课堂之外，我还会经常跟任课教师沟通，让他们给这个孩子多一些关注，特别是在他不听讲、不记笔记的时候，要适当提醒；在布置作业时，需要根据他的个体实际情况，分层次要求，必要的时候还需要进行个别化辅导，尽量让他多一些成功体验，从而让他能更好地建立自信。

我还开始有意识地引导其他同学跟他开展相互合作，尤其是班里的学习积极分子，我会给他们做工作，让他们多多帮助这个有特殊需要的同学。比如，在小组讨论时，学习优秀的孩子要跟他结对子，共同参与小组讨论；

课后练习时，快速完成的孩子有责任和义务去辅导他完成作业……久而久之，在这种互助合作的班级氛围中，全班同学都很自然地把这个残疾学生也视为集体中的一分子。同时，对于这个残疾学生来说，在这种长期的互助合作的氛围中，他与同学有了更多交流、交往的机会，不仅提升了他的语言表达和社会交往能力，还让他真正体验到了一种集体归属感，满足了他内心对爱与归属的需求，更好地促进了他的社会适应能力的发展。

当然，对于残疾学生，只靠课堂上的学习，很难使他们跟上全班的学习进度，因此，作为教师，我们还需要及时地给残疾学生提供课后单独辅导。不过，在辅导时必须始终坚持“抓基础，量力行”这个基本原则，放低对残疾学生的学习要求，避免让他们产生超负荷的学习压力。与此同时，我们还可以充分发挥班集体的作用。在开学初，我就安排了一个有较强责任感的同学跟他组成“一帮一互助小组”。在他们结成互助小组之前，我会要求助学伙伴要做到有耐心、有信心、有恒心，不抱怨，不说“你真笨”“你不行”这类伤害性话语，真正做到帮助特殊需要同学学习进步、身心成长。对于残疾学生来说，这样的互助小组一方面帮他减轻了学习上的困难，另一方面也能在跟助学伙伴的交往中，温暖心灵，增进友谊。对于助学伙伴来说，互助活动也能培养他的爱心，让他学会关心他人，同时促进自我提高。

是树儿，总会发芽；是花儿，总会开花；是人，心中总有理想和希望。残疾学生不是学校和教师的“包袱”，而是一种教育资源。残疾人的存在，让我们能够更好地学会应对差异，更好地学会关心他人，爱他人，因此，让我们一起承担起应负的责任，热情地关心他们，爱护他们，帮助他们，发展他们。

2. 特教课程：“集体+个别”

对于全日制特教班学生，我们选用特殊教育学校课程组织教学，在教学形式上进行融合。通过组织学生分组融入普通班的活动课程、与普通班级学生协作学习、参与健全学生兴趣小组课程、参与学校主题活动等多种教学形式融入学校大家庭。在充分了解学生情况的同时合理制订个别化教学计划，针对学生特点，通过特教部编教材选择使用、外地教材合理引用、其他教材适当补充的形式，满足每个学生的特殊需要。

常熟特教故事（十）：

让“希望之光”照进特殊孩子心田①

乐乐（化名）今年9岁，是一名四年级学生，由于体内铅元素含量过高导致中度智力障碍。听他以前的班主任说，上一年级时，乐乐在教室里待不满10分钟，就会跑到操场上去玩，无论老师怎么喊也喊不回来。如今，他已经能在教室待上40分钟，进步很大。只是上课时，他无法集中注意力，时常把玩自己带来的小物件，时不时地走下座位，在地上打滚，有时还会自言自语，影响周边同学学习。他身上也有不少优点，尤其是特别懂礼貌，平时遇见老师会问好，离开学校时也会和老师说再见。在语文课上，他会积极举手发言，虽然有时回答的内容与问题并不相符。此外，他对课外书比较感兴趣，尤其是绘本等图片较多的书籍。

乐乐从小由爷爷奶奶抚养长大，由于种种原因，他没能在小时候接受科学的干预。在了解到乐乐的家庭背景和成长情况后，我根据实际情况，开始为他制订适宜的学习成长计划。

1. 找准定位，转变教学模式

由于乐乐没有接受过及时的干预，也没有得到过符合其特殊需求的教育，目前乐乐的学习能力不容乐观。鉴于乐乐根本看不懂四年级课本的内容，经过常熟市残疾人教育专家委员会的评估鉴定，在取得乐乐家长的同

① 本文作者为常熟市王庄中心小学薛婷。

意之后，我们把乐乐安置到"半日制"特教班学习。

乐乐来到特教班后，我为他选择了合适的教材——上海市卢湾区辅读学校教材。这本教材字数较少，每篇课文都有相应的配图，有的是卡通配图，有的是实物配图，更适宜乐乐学习。拿到这本教材后，乐乐很感兴趣，迫不及待地翻阅起来，遇到不懂的地方便跑来问我，这让我非常欣慰，不说乐乐肯定能学得多好，至少他对学习还是有兴趣的。

2. 找到根源，制定相应方法

行为分析法认为，行为的发生发展取决于前提事件、行为反应和行为后果。要想应对、解决好残疾儿童表现出的问题行为，必须要弄清楚它们的前因后果，并辩证分析。

乐乐初来特教班时，常常闹出许多"大事件"，总是有学生来打小报告，这让我很是头疼。经过深入了解和观察，我发现乐乐并不是始作俑者，他只是受到了其他小朋友的影响。当时特教班里还有一个年级较高的学生，总是会想一些歪点子来欺负他，或者让他去做一些违反学校纪律的事情。乐乐无法分辨一些事情的好坏，总是"误入歧途"。后来，我重新安排了座位，将他俩分开，下课时，我会让乐乐尽量离开教室，远离那个学生。渐渐地，学生来打小报告的次数越来越少，直至那位高年级学生毕业离校，这样的"大事件"再也没发生过。

3. 耐心引导，走出心理阴影

虽然时代在发展，但部分国人对残疾儿童的看法还是比较落后的，在一些村镇里更是如此。大部分人对智力障碍儿童还是存在偏见，这些偏见也影响着我们的下一代。

在村镇小学里，智力障碍学生是比较少见的，因此乐乐在同班同学的眼里就成了一个异类。他们不愿与乐乐说话，更别说一起玩。无论走到哪里，其他同学都在孤立他、疏远他。在学校的这几年里，乐乐没有朋友，没有交心的人，老师也没有更多的时间去关注他，对他的一些问题行为，没有运用正确的处理方式，只是像对待健全学生一样进行批评教育。于是，乐乐就被关在了一个无形的玻璃房里。

从心理学的角度来说，住在“玻璃房”里，也是乐乐的主动选择，他选择用这种方式来保护自己。因此，在把他从“玻璃房”拉出来之前，我先要打造一个能够让他有足够安全感的外部环境。我花了几天时间与班里其他同学一一做了沟通，请他们理解、接纳乐乐，并嘱咐他们，如果有谁跟乐乐发生了冲突，请第一时间告诉老师，由老师出面解决。慢慢地，我发现乐乐其实是一个很爱说话的孩子，每当他主动过来找我聊天，我俯下身子认真倾听时，他便开始滔滔不绝地讲起来。在跟他的聊天中，我了解到他平时做了什么事情，看了什么书……从此，每天上特教班的课之前，我都会早去一些时间，方便乐乐主动过来找我聊天。慢慢地，我成了他的第一个朋友，他也比以前更活泼开朗，也渐渐开始有其他同学与他交往了。

4. 专项培养，发展适应能力

智力障碍儿童往往在感知觉、抽象思维、记忆力、语言能力等方面都存在一些缺陷，如何在条件有限的情况下，尽可能提高他们的沟通交流能力和社会适应能力，是我们需要思考的问题。我对乐乐采取了一些提升沟通交流能力的教育措施。

乐乐比较爱看图片，我就通过一些生动形象的PPT将一些词句更好地表现出来，让乐乐以一种更符合自己兴趣的方式进行学习，提升他学习的兴趣度和专注度。

乐乐上课举手发言时，我会不断引导、帮助他说出更好的答案，乐乐回答完毕后，我会趁机表扬他，称赞他上课认真听讲，积极回答问题，并让全班同学给他掌声。

根据乐乐的学习能力和兴趣点，我还为他找了一些适合他看的课外书籍，并不断创造机会与乐乐互动，让乐乐表达，引导他用自己喜欢的方式表达自我，充分提高乐乐的沟通交流能力。

5. 家校联动，巩固训练成果

“家长是孩子的第一任老师。”如今，家庭教育越来越重要，只有学校、老师、家庭互相配合，才能更好地促进孩子的成长。

我会经常跟乐乐的爷爷奶奶沟通，将乐乐在学校的日常情况反馈给他们，同时也向他们了解乐乐在家里的情况，并将专业的应对方式教授给他们，引导他们以一种更科学、更合理的方式对待乐乐，为乐乐创造出一个更适宜他学习成长的环境。我还通过网络与乐乐的爸爸取得了联系，提醒他在平时工作之余尽量抽一些时间，通过微信或 QQ 视频等方式与乐乐多多交流，给乐乐更多关爱和鼓励，家人持续稳定的关爱对乐乐的成长有非常积极的影响。

经过将近一年的训练，乐乐的行为表现有了很大的改善。如今，我已经和乐乐一起走过了三年。在这三年时间里，乐乐的进步是有目共睹的，他从一个无视班级规则的孩子，变成了一个愿意努力遵守班级规则的孩子；从一个胆小怯懦的孩子，变成了一个自信的孩子；从一个与班集体格格不入的孩子，变成了班集体的一员。

乐乐的进步让我感到欣慰，同时也让我明白，实践是检验真理的唯一标准。只要教师愿意与孩子交流，真心实意地去了解孩子，认真分析造成异常行为的原因，就能找到适合孩子改变和成长的方法。只要我们持续努力，肯定能让“希望之光”照亮孩子心田。

3. 生本课程：“社会+生活”

特殊教育的培养目标之一就是要指导残疾儿童适应生活。根据培养目标，我们根据常熟地域特征、社会环境、经济文化发展的特点，以及残疾儿童实际生活需要，编写了适合残疾儿童个性发展的生本教材《我爱常熟》《我爱生活》，作为教学的补充，并采用主题教学的形式，旨在帮助残疾儿童熟悉地方特色、乡土知识、生活常识，以便更好地适应生活，融入社会。

常熟特教故事（十一）：

浅谈智力障碍儿童的生活化教育[①]

智力障碍儿童是一个特殊群体，他们学习能力低、感知速度慢、语言发展迟缓、记忆容量小，对人们的期望缺乏反应，重复行为多。我认为，对智力障碍儿童的教育主要不是文化知识的教育，而是以生活为中心，融入一些生活能力的训练教育。他们的教育应以生活能力的训练为主，以适应社会生活为主要目标。

我校二年级的小蕉（化名）就是一名重度智力残疾的孩子，我按照教学计划认认真真地教她，但几个月下来，发现她掌握知识的效果几乎为零。我就想，不管她能在学校里学到多少知识，但她长大以后跟其他孩子一样要独立生活、走向社会。因此，我试着采用陶行知先生所提倡的“生活即教育”的理念来教育和引导她。下面是我在智力障碍儿童生活化教育方面的探索与思考，与大家一起分享。

一、生活含有教育的意义

小蕉同学在知识学习方面的接受能力明显太差，要让她在短时间内掌握很多知识是不太可能的。如果不特别辅导的话，到小学毕业可能她的程度基本等于文盲，同时又缺少独立生活能力，以后可能无法独立生活。因此，长大以后如何生存对她来说才是最重要的，一个人如果会干活、有礼貌，不论她的学历如何，都能靠自己的能力在社会上生存下来。那么，怎么做才能改善她目前的状况呢？

---

① 本文作者为常熟市董浜中心小学赵兰英。

在到资源教室去上课之前，我总是会提前二十分钟去普通教室里叫上小蕉，经过引导，她能跟所在教室里的老师说“再见”。一路上，我会向小蕉示弱，装不认识路，让她领我去资源教室。在这过程中，我还会不断创设问题情境：路上看到老师应该怎么办？地上发现有垃圾该怎么办？进入人家教室前应该怎么办？等等。来到资源教室，我会提醒她该干什么。经过引导，小蕉已经知道要先开窗通风，哪怕是够不着的地方她也会搬了凳子爬上去开，然后用抹布把所有的桌椅、窗台抹得干干净净。

二、实际生活是教育的中心

生活与教育是一回事，教育不能脱离生活，教育要通过生活来进行，无论教育的内容还是教育的方法，都要根据生活的需要。对小蕉来说，知识的学习是第二位的，基本的生活能力才是最重要的，我为她安排了一些与人相处的情境，让她学习一些基本的语言，还特意安排了部分劳动的内容，让她能够掌握一些基本的劳动技能。

上数学课的时候，我会反复使用各种道具，如铅笔、弹珠、小棒让她进行数数，巩固数字一到五的概念，并且反复认读阿拉伯数字。但是，小蕉的注意力集中的时间很短，数了一会儿小棒就要不高兴了，这时，我就引导她用五颜六色的弹珠来数，还会变戏法一样用手指来引导她说数字。语文课的时候，小蕉学习困难较大，针对小蕉的情况，我重点教她说一些日常用语，实用性比较强。上课的内容也不是死板的，我会在课前多准备一些适合她的教学内容，视她的情况灵活地进行教学。

三、生活决定教育，教育改造生活

陶行知说：“从生活与教育的关系上说，是生活决定教育。”生活决定教育，表现为教育的目的、内容、方法都为生活所决定，是为了“生活所必需”。另一方面，教育又能改造生活，推动生活进步。教育不仅改造着社会生活，也改造着每个人的生活。

教室里能用的资源毕竟有限，还是生活这个大课堂知识丰富。小蕉的母亲为无业人员，平时就待在家里。我请她在家里多给小蕉提供劳动的机会，抽空多跟她一起数数，让她能够尽快掌握一到五的数数。在平时的生活中也要多考考她，比如可以带上小蕉去超市购物，购买五个苹果、三个梨、四个土豆等，让她学会买东西，在买东西的过程中巩固数字的概念，还可以认识各种物品的颜色。

当孩子因受到教育而有所改变，会逐渐影响到家长和他背后的家庭。孩子是一个点，通过这个点将教育辐射到一个家庭，通过家庭的改变来促进社会的改变，这是教育的最终目的。

以上三种课程均以融合教育理念为根本，以残疾学生为中心，根据每个学生的不同能力和需求，动态调整、以学定教，并以个别化教育计划为主线贯穿其中。个别化教育计划的推行工作，首先由特殊教育学校引领，在积累了一定的实践经验之后，再逐步推广至全市特教班教师和随班就读教师。在具体实施的过程中，一般由特殊教育指导中心提出实施个别化教育的具体要求，编制统一的“个别化教学记录表”，家长接受培训并共同参与制订个别化教育计划。

四、常熟方案：三种教学特色，凸显因材施教

融合教育的“常熟模式”强调因材施教，在不同的教育阶段采用不同的课程和教学方法，呈现出不同的教学特色。

（一）学前教育阶段推行医教结合

学前阶段的特殊教育是抢救性工程，因此，在学前阶段，常熟市积极推行医教结合，将教育和康复相结合。首先，在特殊教育学校试行医教结

合研究，再逐步辐射影响至全市幼儿园。其次，以课题“医教结合促进残障儿童综合康复的实践研究”为抓手，联合常熟市残联、市二院、市三院签署了学校、残联和医院共同开展医教结合实践研究的协议书，组建了由医院康复师、教师以及家长组成的康复工作团队。通过“医教结合促进特殊儿童言语康复”“医教结合促进特殊儿童运动技能康复”“医教结合促进特殊儿童情绪、行为和社交康复”三个子课题和多个微型课题的集约型研究网络，以丰富的个案为抓手，最终形成了集体教育与个训相结合的具体操作模式。

支塘镇何市幼儿园自 2013 年 10 月起，就为学习上有障碍的幼儿建立了“爱心康复班”，班中有 3 位幼儿，分别来自小、中、大三个年级。在两位接受过特教知识培训的教师的带教下，3 位残疾幼儿在“爱心康复班”中受到了良好的教育，他们在认知和行为的发展上均得到了提高。两位带教老师也倾注热情，踏实、勤奋、有计划地开展工作，竭尽全力为 3 个残疾幼儿提供良好的教学育人环境，在探索中开展教学，在爱心中孕育幼苗，让这 3 个残疾幼儿享受到了特殊的帮助。何市幼儿园的这种实践探索，开启了常熟市特殊教育向学前教育阶段延伸的先河。

常熟特教故事（十二）:

医教结合背景下中度培智学生的言语康复①

教育部 2007 年颁布的《培智学校义务教育课程设置实验方案》中明确指出，要将教育与康复相结合，“针对学生智力残疾的成因，以及运动技能障碍、精细动作能力缺陷、言语和语言障碍、注意力缺陷和情绪障碍，课程注意吸收现代医学和康复技术的新成果，融入物理治疗、言语治疗、心理咨询和辅导、职业康复和社会康复等相关专业知识，促进学生健康发展”。

---

① 本文作者为常熟市特殊教育学校孟春芳。

根据我们学校的实际情况，我们尝试开展医教结合在智力障碍学生言语康复训练中的运用与整合。通过了解培智学生的言语障碍成因，制订适合个体言语康复和发展的个别化教育计划，采用集体授课、个别教育、家庭训练相结合的形式开展活动，旨在提高学生的语言表达能力，建立其自信心，为其今后适应社会打下扎实的语言基础。本文是笔者近两年在对一位中度培智学生进行言语康复过程中所产生的一些体会和收获。

一、个体基本情况

小越（化名），女，因染色体核型异常导致发育迟缓，为中度智力落后，表现为言语障碍与肢体协调障碍。入学时仅会发“伯伯”一个音节，不能进行日常交流，能听懂简单指令，常流口水，注意力少集中。由原来的常熟市谢桥幼儿园转学至特殊教育学校学前康复班。

二、诊断与评估

通过韦氏量表、儿童发展评估量表、儿童感觉统合能力发展评定量表、启智博士语言评估等综合诊断分析，小越表现较好的方面为：语言理解能力优于语言表达能力，粗大动作能力优于精细动作能力，听觉注意较好，性格温和，合群，情绪控制能力较好，有较强烈的学习欲望与表达欲望。不足的方面为：言语障碍方面——口部构音器官不灵活、稳定性较差，圆唇、展唇运动保持时间较短，舌肌肌张力较弱，不会伸缩、卷舌，呼吸控制差，肺活量较弱。肢体协调方面——上下楼梯需要帮助，精细动作较差，不能双脚并立蹦跳。其他方面——注意力较差，生活自理能力较差。

三、教育康复过程

针对小越的实际情况，我们制定了以言语康复为主、感统训练为辅的个别化教育计划，并分阶段进行探索与实施。

（一）第一阶段：学习手语表达，让孩子想说

这一阶段的康复训练，以能听懂、会表达为目标，为期三个月。

1. 学会聆听——能听懂

首先进行听觉识别能力的训练，以小故事或者小游戏的形式引导小越学会聆听并辨别不同的声音，如，动物的叫声、乐器声、钟表声、不同的人语声等，能辨别声音的大小、节奏、来源等，并进行指认。再进行听觉理解能力的训练，如，一步指令——小越，请站起来；两步指令——小越，请把积木拿到孟老师这里来；三步指令——小越，请把书包拿下来放进柜子把柜门关好。

2. 学习手语——会表达

在小越还不会用语言表达的阶段，我们尝试运用手语教她学习“说话”，学会表达。如小指弯弯表示上厕所，伸出大拇指表示肯定与表扬，伸出双手表示做操，伸出两指表示吃饭，食指放到嘴边表示妈妈，大拇指放到胸前表示老师等。通过这样的方式进行交流，引导小越通过手语来表达自己的思想和需求。

（二）第二阶段：训练口部器官，让孩子能说

这一阶段的康复训练，以训练口部器官为主，为小越学习语言奠定物质基础，为期半年。

1. 呼吸训练

首先进行放松操练习，如，双臂交替上举运动、双臂划圈运动、耸肩运动、颈部运动等。再从易到难进行呼吸训练，如，吹蜡烛——先是吹一支蜡烛，统计蜡烛晃动的时间，再逐步拉大与蜡烛的距离进行训练，然后逐步增加蜡烛的数量；吹哨子——先练习吹出声，然后要求吹响亮，再要求吹出节奏；吹气球——先练习吹动气球（已经吹好的气球），然后练习吹跑气球，再练习吹大气球；还有吹纸龙、吹泡泡等一些呼吸训练。

2. 舌操训练

首先进行圆唇、展唇、闭唇的训练，再进行舌的伸缩练习、左右练习、

上下抵腭练习、转圈练习、卷舌练习等。经过一段时间的训练，小越流口水的情况有了很大改善，但是转圈、卷舌等练习掌握不佳。

3. 饮食训练

家长应多给小越买一些苹果之类的咀嚼性强的食物，提高咬肌的肌力；尝试用筷子吃饭，学习吃瓜子，训练口部精细动作；要求平时大口大口地吃饭，提高下颌打开程度；买一些小越喜欢的糖果，要求小越用舌头去舔，训练她舌头的灵活性；等等。

（三）第三阶段：运用现代康复技术，让孩子爱说

在进行了以上两个阶段的训练后，我们尝试运用现代康复技术——启智博士语言评估与干预仪对小越进行第三阶段康复训练，即语言训练，为期两年。

1. 语音训练

在语音训练中，借助启智博士交互式沟通板、语音积木训练板等工具进行辅助干预，从呼吸、发声、共鸣、构音等功能基础的搭建和提高入手，遵循发展性原则，按照汉语拼音的正常习得顺序，在进行构音语言能力矫正的同时，边习得拼音边介入简单的常用词语教学。

2. 语言训练

在语音训练的基础上，继续借助启智博士进行词语、词组、短句的训练。从常用的动物、人体部位、衣物、食品、玩具、交通工具、称谓等词语训练逐步过渡到简单的词组、短句练习。

四、效果与反思

经过近两年的语言康复训练，小越从刚入学时的盲无目的、不会表达，到逐渐会听从指令、用手语表词达意，到能进行呼吸训练、会做舌操、不再流口水，再到能说简单的词语、短句，我们欣喜地看到了她的进步，给了我们很大的信心。目前，第三阶段的康复还在继续进行中。实践表明：

学习手语表达，让孩子想说——训练口部器官，让孩子能说——运用现代康复技术，让孩子爱说的康复训练方法，确实对智力障碍儿童的言语康复有一定的帮助，也收到了较好的训练效果。特别是现代康复技术直观、形象的特点，不但有效激发了培智学生学习的积极性，还为培智学生言语康复奠定了良好的物质基础。当然，在实践过程中，我们也产生了许多不足和困惑。如，由于一些客观因素，我校的现代康复设备还太少，需进一步添置；更好地处理个训与集体教学、学校与家庭训练、传统与现代康复技术的关系，这将是我们今后继续研究的课题，也是我们努力的方向。

（二）义务教育阶段实行复式教学

义务教育阶段特教班学生由于年龄、智力等因素导致个体差异很大，组织整班化的教学有较大难度。目前，常熟市乡镇特教班常用的教学组织形式是复式教学。复式教学是乡镇特教班特有的，符合中国国情的本土化的一种教学组织形式。具体来说，复式教学就是根据学生智力残疾程度、年龄和现有的知识水平将特教班学生分成两个或三个层次，选择两种或三种不同教材，在同一节课里对不同层次的学生进行教学的组织形式，教师给一个年级学生讲课时，其他年级学生就做练习或者复习，教师在一节课里将有计划地对不同层次的学生开展交替式教学。小学特教班，一般跨越了 3 个以上年级，有 6～10 人，可采用三复式教学。具体形式有：一动两静式、两动一静式、三动三静式。初中阶段的特教班，人数相对较少，一般以两复式为主。具体形式有：动静制复式、二二制复式、三三制复式。走班制和半日制特教班的教学设计大都采用插入式，全日制特教班以并列式为主，同时均需制定个别化教育计划。

复式教学中的“动”指的是教师通过交互式授课的方式，向学生传授知识；“静”指的是教师通过教学预设，有计划地安排未参与互动式授课的学生做练习或复习等安静的学习形式。

（1）“一动两静式”是指其中一个年级的学生参与交互式授课学习，另外两个年级的学生安排做练习或自习等安静的学习形式。

（2）“两动一静式”是指其中两个年级的学生交替参与互动式授课学习，另外一个年级的学生安排做练习或自习等安静的学习形式。

（3）“三动三静式”是指三个年级的学生交替参与互动式授课学习，交替安排做练习或自习，这是在“一动两静式”的基础上发展起来的一种更为复杂、更为细化的复式教学形式，对教师的教学管理和临场应变能力要求特别高。

（4）“动静制复式”，也可称作“一动两静式”，是指教师把接近同一知识水平的学生分在同一教学小组，A 组学生参与交互式授课学习时，B 组学生就安排做练习或自习等安静的学习形式，如此交替进行。

（5）“二二制复式”，也可称作“两动两静式”，即在一节课的时间内，教师安排 A、B 两组学生各完成两次动态学习和两次静态学习，其中，第一次动态学习为互动讲授式的新课教学，第二次动态学习为互动讲授式的复习课或练习课，第一次静态学习为针对新课的练习，第二次静态学习为针对复习课或练习课的巩固练习。这属于一种比较理想的复式教学形式，对教师的教学管理和教学组织能力要求很高，如果教师安排得当，能够大大提高教学效率。

（6）“三三制复式”是指在一节课的时间内，教师安排 A、B 两组学生各完成三次动态学习和三次静态练习的学习形式，这种教学形式一般是在综合复习阶段使用，教师单次需要教授的内容少而简单，因此可以在短时间内完成一个组别学生的教授。不过，总体来说，这仍然是一种对教师的教学管理和教学组织能力要求非常高的教学形式。

下面以常熟市张桥中心小学的数学学科三复式教学模式的构建与实施为例，具体说明如何在学校里开展三复式教学实践。

常熟特教故事（十三）：

特教班数学三复式教学模式的构建与实施①

常熟市张桥中心小学自2005年开始进行特教班建设，在建设过程中，我们发现，特教班学生人数虽少，但是跨几个年级，学生年龄差异大，个人学习能力差异更大，认知水平参差不齐。这样近10个学生同时在一间教室上课，教师很难开展有效教学。通过不断摸索和反复尝试，学校确定了三复式教学模式，收到良好的教学效果。

三复式教学就是根据学生智残程度、年龄和现有的知识水平将特教班学生分成三个层次，选择三种不同教材，在同一节课里对不同层次的学生进行教学的组织形式。教师给一个年级学生讲课，让其他年级学生做练习或者复习，并有计划地交替进行。笔者以数学学科为例，浅谈三复式教学的实施流程和实施重点。

一、充分做好课前准备

特教班三复式课堂教学需要做好充分的课前准备。教师利用课余时间钻研教材，准备三复式教学的教案和课件，在课堂教学过程中根据学生的接受情况随时修改教学内容和方式，进行再生成和再创造。利用放学和第二天早上的时间在小黑板、卡片上写好各层次学生的独立作业。同时，根据教学内容准备一些直观的教学辅助工具，便于教学时让学生动手操作。在课前准备的过程中，教师要充分预设残疾学生可能出现的各种生理和心理问题，制订预案、随机应变，保证课堂教学的有序进行。

---

① 本文作者为常熟市张桥中心小学朱凤。

二、合理分配课堂教学时间

三复式教学采用“动静结合”的课堂教学模式，其中“动”指的是直接教学，“静”指的是独立作业。直接教学和独立作业是三复式教学中两个特有的而又经常使用的概念。教师应事先设计好三复式课堂教学的时间分配，“动静交替”，以便在有限的课堂教学时间中有效完成教学任务。

“动静交替”一般是根据教学内容确定。如笔者教培智教材第一册（比高矮）、第六册（6的乘法口诀）、第九册（综合练习）时，设计了两动两静，最后一动是“三组合一”的集体游戏——量身高。三复式教学中的“动”“静”交替轮换，形成了学生认知发展的一个个层次，从而使学生的认知不断推进、不断深化。在实际教学中，“动”与“静”次数安排要适当，交替次数不能太少，也不能太多。交替次数少，则独立作业的年级做完作业后会处于无事状态，容易造成干扰；交替次数过多，则会无法完成教学目标或只能草草了事，学生不能牢固掌握所学知识。

教师要合理分配年级间的“动”“静”时间。在40分钟的教学中，教师要兼顾到不同层次学生的教学需求，合理分配各组时间。如笔者在教实用数学第一册（认识数字）、培智教材第二册（认识钟面）、培智教材第六册（乘法口诀表）时，是这样分配时间的：先从谜语引入认识钟面教学（15分钟），然后认识数字（10分钟），接着熟练背诵乘法口诀表（8分钟），再后巩固提升认识钟面（5分钟），最后2分钟集体朗读儿歌结束本课。在此过程中，为控制好每组直接教学时间，在间接教学中，笔者设计了小组互动（相互拨一拨钟面）、伙伴助学等活动。在备课时，教师要估算直接教学的时间与内容，要与独立作业的时间基本吻合。

三、适度调节课堂节奏

在课堂教学中，教师应合理协调直接教学和间接教学，做到“动中有静”“静中有动”，“动静交替”进行。如某个年级需要较长一些的直接教学时间，可以在直接教学过程中安排短暂的独立作业，这就是“动中有静”。在这短暂的时间里，教师可抽身到正在独立作业的年级稍做指导，或者到独立作业的小组间进行简单的互动教学，这就是“静中有动”。利用几分钟的时间，教师到另一个年级去了解学生独立作业的情况，对有困难的学生进行必要的指导，不仅有利于另一个年级独立作业的完成，也为这个年级下一步教学活动奠定基础。如笔者利用高年级背诵乘法口诀的时间，到正在写数字的低年级学生中去巡视、指导数字的书写；或者让独自作业的年级学生开展互说口算卡片、互批口算题等小组互动。在动静结合中，适当整合教材内容，如教师在教学认识千克时，让三年级学生给一年级学生测体重；在教学认识人民币时，全班进行模拟购物游戏，或者让三个年级一起完成闯关游戏。

四、有效发挥课堂小助手的作用

在三复式教学中，小助手的辅助作用非常重要，小助手的作用发挥得好，不仅能让学生提高作业完成的质量，为教师下一步的直接教学提供保障，还能最大限度地减少干扰，让课堂教学秩序井然。小助手要精心挑选，一般在本年级中选拔有一定的工作能力、在同学中有威信、同学们愿意接受的学生。小助手主要是在残疾学生进行独立作业时发挥辅助作用。课上需要小助手完成的任务，教师要在课前提前布置好。如在练习中作业量较多，需要挂几块小黑板，教师可让小助手在适当的时候按次序出示剩余的小黑板，这样可以让教师专心于另一小组的动态教学，不至于手忙脚乱、应接不暇。再如，小助手可以轻声辅导学习有困难的同学，出示口算卡片让学生写出答案，等等。小助手也可组织小组内学生自查、互查作业，还可以布置一些机动作业让提前完成作业的学生选做。在独立作业中涉及动手操作的小活动，小助手可指导其他学生剪、贴等。如在教学“认识千克”一课时，小助手在小组内指导学生称出 1 千克不同的水果，再统计个数，为接下来的直接教学作铺垫；再如教学“找规律”一课时，小助手带领组内同学串珠，在活动中总结规律；等等。这样的安排，既锻炼了学生的动手操作能力、团队协作能力，又为直接教学提供了良好的基础。

三复式教学模式有助于合理安排课堂教学内容和教学时间，为每个残疾学生提供适合的教育。下一阶段，我们将进一步提升实施个别化教育的专业能力，不断提高特教班课堂教学有效性。

（三）高中教育阶段进行生涯规划

残疾学生虽然情况各不相同，但最终目标是融入社会。我们针对学生差异，开设职教课程，进行生涯规划。常熟市特殊教育从 2005 年开始向高中阶段延伸，但是由于特殊教育学校校舍条件的限制，高中阶段规模一直停留在 1～2 个班，难以满足全市特殊高中学生的求学愿望。2017 年以来，特殊教育学校先后开办聋部缝纫职业班和培智烹饪职高班，同时还开设了中国结、画信、剪纸、丝网花、计算机应用、面点制作等具有实用价值的劳技培训。常熟市练塘成人教育中心校和特殊教育学校联合开办了烹饪职业高中特教班。在普通中学初三年级中开办了残疾学生技能短期培训，并将有一定学习能力的残疾学生安排进入各职业高中班随班就读。每年常熟市都会举办残疾人技能比赛、特殊教育学校文化艺术节等，给予残疾学生才艺展示的平台。全市近两年累计接受职教培训的残疾学生达 1000 多人次，在市级以上比赛获奖的残疾学生达 200 多人次。

以下是练塘中学校长赵国清关于初中融合教育向职业教育延伸的经验分享与实践反思。

常熟特教故事（十四）：

初中融合教育向职业教育延伸的探索与实践①

作为一名普通的农村中学校长，多年来，我一直被一个问题所困扰：每年的初三毕业季，应届毕业的残疾孩子往往都没有进一步学习的机会，这些孩子与健全学生相比，存在智力低、反应慢、学习接受能力差等特点，在完成九年制义务教育后，到高一级的学校继续学习的可能性很小。于是我开始思考：初中学校是否可以利用现有教育资源，借助各方力量，办一个能让初中毕业的残疾孩子继续学习的职业教育班级。基于这个想法，2017年秋季，在常熟市教育局领导的关心下，在尚湖镇党委的支持和常熟市特殊教育指导中心的指导下，练塘中学率先在常熟市开展初中融合教育向职业教育延伸的探索和实践，具体做法如下：

一、专业设置与课程配备

我们应该为残疾孩子开设什么样的专业和课程呢？学校领导班子成员在大量调研的基础上，商定了三条基本原则：① 课程要简单易学，适合残疾孩子学习；② 所设置的专业就业面要广泛，便于孩子毕业后就业；③ 课程能充分利用好学校现有资源。我们向全校师生公开了这三条原则，并发动全校师生共同推荐办班专业。

全校师生第一轮推荐的专业有：烹饪专业、缝纫专业、汽车美容、绿化保洁专业、现代农业等。经过反复论证，基于学校实际情况，我们确定开设烹饪为主干专业，绿化园艺为辅助专业，办班名称为：练塘中学特殊教育职业班。学制定为三年，前两年在校学习，第三年进行实习，学历为市属中专性质。

开设烹饪专业，除了设置专业课程外，还需开设其他课程。根据特殊

---

① 本文作者为常熟市练塘中学赵国清。

孩子的学习和认知能力，我们开设了思想品德、语文、数学、信息、体育与健康、艺术、综合实践课程。每周课时为30节，其中烹饪专业课8节，语文、数学、体育与健康各4节，艺术课2节、思想品德课2节，综合实践活动3节，信息技术课2节，班会课1节。第三年以学生实习为主。完成专业考级后，我们将给学生颁发相关的学历证书。

二、教材开发与师资培养

由于没有现成可使用的教材，经过反复研究与讨论，在常熟市特殊教育指导中心的指导下，我们决定在专业课教材方面借鉴普通职业学校烹饪专业的教材，同时针对学生实际情况，在教学中做适当调整。语文、数学、信息技术等课程使用职业学校中专水平的教材，同时针对学生实际情况，在教学中适当降低难度。心理健康课程采用特殊教育学校的教材，思想品德课与体育课则采用普通初中的教材。综合实践活动主要以参观学习为主，选择本市各大宾馆、净菜配送单位、残疾人自主创业成功企业为实践基地，采用亲子组团的活动方式开展活动。

师资和经费是办学的重要保障，我们在工作开展的初期就意识到了这一问题。我们借助于练塘中学与练塘职业技术学校一个法人的管理优势，在常熟市练塘职业技术学校中选择一些经验丰富的专业教师负责特殊教育职业班的综合实践活动以及学生实习管理。体育与信息技术教师由练塘中学派出专业教师进行任教，心理健康、艺术等师资问题采用外聘的方式来解决。为了加强对外聘教师的管理，提高教育效率，我们与他们签订了聘用合同，明确了学校和教师的权利、义务和各自的工作职责、工作要求。

由于特殊教育职业班的学生已从初三毕业，已不在义务教育覆盖范围，不能再享受国家义务教育相关经费的保障政策，面对这一难题，我们先后与市教育局、市民政局、镇政府、市财政局、市残联商讨，最后在市特殊教育指导中心的指导下，在市特殊教育学校的支持下，特殊教育职业班的学生学籍归到市特殊教育学校管理，特殊教育职业班就成为常熟市特殊教育学校在我校的一个办班点。于是，特殊教育职业班也能享受国家特殊教育财政拨款政策——财政局按每生每年 8 800 元的标准拨付办学经费，保障了班级的正常运行，同时，在读学生所有费用均在财政拨款中支出，学生家长不增加任何负担。这充分体现了国家倡导的“特教特办”原则。

三、学历证书与就业支持

我校作为普通初级中学，从办学的权限来说，没有颁发职业学校学业证书的资格，更没有颁发中专学历证书的权限，常熟市特殊教育学校也面临着同样的问题。为此，我们与教育局相关部门进行了多次研究与讨论，最后协商出的解决方案是，由常熟市职业技术学校颁发相关证书。这便解决了残疾学生的学历问题，也使得初中融合教育向职业教育延伸工作的开展变得更加规范，更加完善。

我们认为，初中融合教育向职业教育延伸的根本目的是让残疾学生毕业后能够就业，能够自己照顾自己，能够自食其力，在减轻家庭和社会负担的同时，还能为社会创造价值。因此，我们认真研究国家关于残疾人就业的相关政策，多次召开家长（监护人）会议，跟家长（监护人）介绍、解读相关政策。在对残疾人就业政策有了充分的认识和理解后，很多家长自愿提出要为子女申请残疾证，这为残疾孩子将来的就业做了一项重要的铺垫。

在市残联、特殊教育指导中心和社会爱心人士的关心和帮助下，特殊教育职业班的每个学生都能进入到企业实践或跟岗学习，相信他们在正式毕业之后，都能够自食其力，为社会贡献出一份又一份特殊力量。

2020 年，练塘中学首届特殊教育职业班的 8 名毕业生全部顺利通过了考级，获得了烹饪专业资格证书，其中有三名同学已被酒店录用（实习），这一消息在社会上引起了强烈反响，常熟市电视台也对此做了专题报道。

第五章

多方参与，通力协作，“全情接纳”氛围浓厚

在推动特殊教育和融合教育发展的进程中，国家从《第一期提升计划》就开始强调，应坚持“政府主导，各方参与”的工作原则。诚如联合国教科文组织（UNESCO）在《全纳教育政策指导方针》中所言：全纳教育能否成功建立，取决于所有相关伙伴能否就共同愿景达成共识，并辅之以一些具体步骤将这一愿景转化为现实。[①]发展特殊教育和融合教育需要一个“积极协作”的系统，且系统中的“所有相关伙伴”必须认同一个“共同愿景”：为所有学习者提供优质教育，实现全民教育目标。唯其如此，我们才能整体、有效地提升一个区域乃至一个国家的融合教育质量，确保所有学生的身心健康发展、全面发展。

目前，在融合教育发展方面，常熟市已基本形成了市教育局、残联、民政、卫生等多部门通力协作的工作局面。2018 年，常熟市特殊教育联席会议制度的建立，标志着常熟市融合教育“多方参与”工作模式的制度化，也意味着常熟市融合教育支持保障体系更加成熟，更加完善了。

为了能更为立体地展示常熟市在推进融合教育发展进程中“多方参与，通力协作”的工作局面和工作效果，接下来，我们将分别呈现常熟市教育局领导、常熟市特殊教育指导中心专家以及社会各界助力、关心常熟融合教育发展的故事，以及“蝴蝶姑娘”“新时代江苏好少年”杨雨梦的成长故事。

常熟特教故事（十五）：

2018 年，常熟特殊教育发展的五个重要事件[②]

2018 年对于常熟特殊教育的发展来说，是特别重要的一年。

---

① 联合国教科文组织：《全纳教育政策指导方针》，联合国教科文组织出版，2009 年，第 14 页。

② 本文作者为常熟市特殊教育学校王瑜欢。

从宏观上来看，中国为期三年的《第一期提升计划》已经完成，从国家到地方总结出了不少可资借鉴的实践经验，这意味着，2017 年下半年发布的《第二期提升计划》有了更为坚实的经验基础和实践依据。2017 年新修订的《残疾人教育条例》开始实施，这意味着，“提高特殊教育质量，推进融合教育”有了法律法规层面的依据和保障。

从中观上来看，为全面贯彻我国关于办好特殊教育的要求，落实《残疾人教育条例》《第二期提升计划》精神，江苏省结合本省实际制定了《江苏省第二期特殊教育提升计划（2017—2020 年）》，为特殊教育本土化发展提供纲领性指导。

作为时任常熟市教育局分管特殊教育的副局长，顾泳敏锐地觉察到了从国家到省级层面将对特殊教育发展进一步加强支持和保障力度。于是，她召集常熟市的特殊教育专家团队开会讨论：如何在新形势、新环境下抢得发展先机呢？经过集体讨论，大家认为，要想在新形势、新环境下发展好特殊教育，绝不能关起门来做事，必须制订公共性的特殊教育发展计划，同时探索创新性的工作机制。

2018 年 1 月 2 日，常熟教育史上第一份特殊教育发展规划——《常熟市特殊教育三年发展规划（2018—2020 年）》正式发布，该“规划”文件明确了常熟市未来三年的八项特殊教育发展具体工作目标：

1. 创新机制，建立特殊教育联席会议制度，形成多部门联合的工作局面。

2. 建立特殊教育专家委员会，对特殊教育对象的入学、转学、升学、安置等做出科学的评判。

3. 残疾儿童义务教育阶段入学率继续保持 100%，积极向两头延伸，探索普特合作职业高中办学模式。

4. 逐步建立融合教育资源中心，继续进行医教结合研究，由点及面推行个别化教育。

5. 建立“送教服务”应急服务队，积极开展“教康一体”联合送教活动，确保重残儿童接受义务教育。

6. 加强特教师资培训，特殊教育专职教师三年内接受专业培训率100%，随班就读教师三年内接受一次特殊教育系列课程轮训，所有教师五年内接受一次融合教育系列课程轮训。

7. 做好市特殊教育学校改扩建工程准备工作，积极发挥引领示范作用。

8. 加强省级重点课题的研究工作，在原有基础上再出新成果，力争在全国进一步扩大影响。

其中，建立特殊教育联席会议制度，就是重要的工作机制创新。

建立特殊教育联席会议制度需要市编办、市发改委、市民政局、市财政局、市人社局、市卫计委、市残联、市慈善总会、市红十字会等多部门的通力协作。为了促成各部门尽快达成共识，在常熟最寒冷的季节，顾泳亲自前往一个又一个部门，诉难点、提要求、求协作。

在市教育局的大力推动和各部门的积极协作之下，2018 年 3 月 6 日，常熟市特殊教育第一次联席会议顺利召开，这标志着常熟市特殊教育联席会议制度的正式建立，也标志着常熟特殊教育发展迈上了一个新台阶。这股“多方”形成的合力将统筹解决全市特殊教育发展中的重点、难点问题，为全市范围内的特殊教育打开新的通道，注入新的血液。

尽管常熟市在 2017 年就已建立了 84 个资源教室，实现了城乡义务教育阶段全覆盖。但在顾泳看来，为了进一步优化特殊教育资源配置，还需将原有的资源教室“提档升级”成融合教育资源中心，这样才能更有益于常熟市融合教育质量的提升，同时为融合教育“向两头延伸”打下坚实基础。

2018 年 7 月，在“常熟市普通中小学分管特殊教育校长培训”开班动员会上，顾泳勉励与会的分管校长“要办让人民满意的教育，要让残疾孩子能有尊严地生活”，要“提升意识，勤学善思，把融合教育的任务当成机遇，普特融合、共同进步”。

五爱幼儿园的翁晓红是本次培训班的一名学员，她说，顾泳副局长在动员会上说的那句“心系教育，心怀每一个孩子”给了她莫大的鼓励与启发。培训结束之后，翁晓红立刻回到幼儿园，启动资源教室的建设工作和资源教师队伍的组建工作。尽管幼儿园场地有限，同时还存在资金短缺等困难，但她们依然在当月特辟了一块园地，作为园内 5 名已登记在册的残疾儿童的“资源教室”。2019 年 1 月，该园地通过了常熟市特殊教育指导中心专家组的审核验收，正式确立为“融合教育资源教室”。随后，在市教育局基教科、市特殊教育指导中心和虞山街道民政办领导的关心和支持下，2019 年 10 月，五爱幼儿园融合教育资源教室提档升级为融合教育资源中心，成为常熟市首批建成的 8 个学前融合教育资源中心之一。

2018 年 4 月 28 日，“江苏省融合教育资源中心（初中）建设标准现场研讨活动”在常熟市练塘中学隆重举行，开办在练塘中学里的尚湖镇（练塘）初中融合教育资源中心也成为江苏省首个正式命名的初中融合教育资源中心。顾泳陪同《现代特殊教育》杂志主编和各县市的特殊教育教研员等人全程参加了这次活动，还有省内外特教界的专家前来观摩交流。可见练塘烹饪职高班虽然只开办了一个学期，但已初具规模，初见成效。回想当年办班时的种种艰难，顾泳笑着说，多跑几个单位算什么？多请几次老师算什么？多去几次学生家里算什么？能够更好地促进这些残疾孩子的身心成长，培养他们更多能力，从而更好地适应社会、回馈社会，就是对教育人所付出的努力的最好回报。是呀，当职高班的孩子们在老师的指导下完成一件件插花作品、一盘盘诱人的菜肴、一个个逼真的面点，一脸欣喜地捧到专家领导们面前时，顾泳的内心一定体验到了这份回报的甜蜜滋味。

在这次活动的研讨会上，顾泳表示，这次邀请省内外的专家团队来常熟现场观摩交流，不仅是为了展示常熟市的融合教育资源中心的建设成果，更重要的是请专家们为江苏省融合教育资源中心（初中）建设标准的制订指明方向，因为，常熟市教育局承担了制订江苏省融合教育资源中心（初中）建设标准的重要任务。

2018年，常熟市基础教育领域还发生了一件振奋人心的大事，那就是由常熟市特殊教育指导中心和常熟市特殊教育学校共同主持的“县域‘特教班’融合教育运行模式的构建与实施”获得了2018年基础教育国家级教学成果奖一等奖。

常熟市自2004年成立全国首个特殊教育指导中心以来，一直以特殊教育学校为龙头，以特殊教育指导中心为纽带，通过多年努力与探索，逐步构建出了一套较为成熟的融合教育支持保障体系，形成了独具特色的融合教育运行“常熟模式”。为了能让中国更多的特殊教育工作者了解并知晓常熟特殊教育实践经验，并从中得到行动上的启发，在常熟市教育局的鼓励和支持下，常熟市特殊教育指导中心和常熟市特殊教育学校决定申报2018年基础教育国家级教学成果奖。

对于长期身居一线的教育工作者来讲，申报工作中最大的困难有两个：一是不知道如何从浩如烟海的实践工作中挑选出最“亮眼”的那几个；二是不知道如何把这些实践经验提炼成合适的文字表达出来。为了解决第一个困难，顾泳每天都会抽出时间跟大家一起查阅、讨论各种实践案例，挖掘常熟特殊教育实践中的“独到之处”。在确定了优秀范例之后，顾泳又带领了一支精锐团队，不断提炼、优化申报书，提炼出了三个“非常亮点”，为最终的获奖打下了坚实的基础。

2018年12月，教育部公布了“2018年国家级教学成果奖获奖项目名单”，“县域‘特教班’融合教育运行模式的构建与实施”荣获一等奖，这是教育部对常熟市多年来始终坚持发展特殊教育，不断探索县域融合教育运行模式所做工作的肯定。对于常熟市的特殊教育工作者而言，他们清醒地认识到，这份荣誉属于过去，他们将以此为新的起点、新的台阶，他们将再次出发，不断探索，不断创新，不断突破。

常熟特教故事（十六）：

折翼天使守护者，融合教育领路人

——记江苏最美人物、常熟市特殊教育指导中心教师陆振华①

有一个特殊的群体，降临到这个大千世界，看不见灿烂阳光，听不到亲人呼唤，说不出心中渴望……他们是不幸的。然而，因为另一群人的无私付出，这群“折翼天使”拥有了别样的温暖人生。

常熟市特殊教育指导中心教师陆振华就是其中的代表，被孩子们亲切地称为“哑父”。

近50年来，陆振华始终保持着每天12个小时以上的工作强度，坚守在特殊教育工作一线，用自己的全部精力守护着这些孩子，努力改变他们的不幸命运，让他们获得和健全学生一样的成长空间，拥有金色的童年。

一、一砖一瓦盖起温暖校舍

成为一名特教老师，是陆振华意料之外的“宿命”。

陆振华从小有一个“教师梦”。1972年，他进入苏州地区师范学校学习，两年后以优异成绩毕业。当教师这一理想即将实现时，一纸通知让他措手不及，学校安排他去苏州地区昆山聋哑学校工作。

特殊教育是一个完全陌生的领域，一步踏入，就意味着一切从零开始。

当时的陆振华刚过弱冠之年，积极上进的他在学校入了党。尽管周围亲朋好友一致反对他进聋哑学校工作，可他深知，残疾人是一个需要倍加关爱的弱势群体，尤其是儿童。

---

① 本文摘自2021年9月15日、9月16日的《苏州日报》，有删改，作者为《苏州日报》驻常熟记者商中尧、陈洁。

从此，陆振华义无反顾地踏上了特殊教育的漫漫征途。他说：“自己是党的一块砖，哪里需要就往哪里搬。”

20 世纪 70 年代，我国特殊教育还处在起步阶段。1973 年春节过后，苏州地区昆山聋哑学校成立。当时，这是一所没有一个学生、没有一本教材、没有一名教师的“空壳学校”。

“1974 年 6 月下旬，正是学校筹建工作最紧张的阶段，要达到 9 月开学的目标非常艰难。”昆山聋哑学校原校长张继苗回忆，正当他焦头烂额的时候，学校来了 10 位新老师，陆振华就是其中之一。

扩建校舍，说干就干。陆振华和大家一起当上了临时“运输工”，顶着炎炎烈日把基建材料从离校四五公里外的昆山火车站拉回来。“一车木材 1 000 多斤。要是砖头，一车能达 1 500 斤。”陆振华说，靠着男教师在前面拉，女教师在后面推，大家齐心协力，硬是用 4 天时间把基建材料全部运了回来。

一砖一瓦逐渐垒起，校舍渐渐成型，陆振华又马不停蹄踏上了招生之路。他深入社区、生产队的听障儿童、言语障碍儿童家庭实地考察，并对听力障碍、言语障碍儿童进行面试，观察其是否具备学习和生活自理能力。在陆振华和同事们的努力下，昆山聋哑学校准时开学，共设两个班级，48 名学生。

1975 年 9 月，昆山聋哑学校扩大招生范围，新招两个班级。此时，苏州地区常熟聋哑学校创建。1976 年 9 月，经苏州地区教育局研究，原在昆山聋哑学校学习的常熟学生和张家港学生，回到常熟聋哑学校学习。陆振华于次年回到常熟任教，担任团支部书记，并承担教学研究工作。

二、“一比一划”编撰专业教材

在聋哑学校工作，掌握“聋人手语”是最基本的要求。

对于陆振华来说，手语早已和说话一样，成为一种本能。然而，他刚接触这一领域时，一切是那么陌生。刚被分配到昆山聋哑学校时，陆振华的首要任务就是学手语。

1974 年春节刚过，陆振华和几位同学一起到无锡市聋哑学校学习，从吃饭、睡觉、行走等词汇学起，整天死记硬背，不停地比划手势。

起初，陆振华的手语翻译速度有些跟不上，但他相信勤能补拙。半年学习时间里，陆振华从未回过一次家。星期天老师休息，他就和听障学生、言语障碍学生聊天、吃饭、打球。通过形影不离的相处，陆振华既巩固了学习成果，又了解了听障学生和言语障碍学生的性格特征和生活习惯。慢慢地，陆振华能和听障学生、言语障碍学生无障碍交流，也能模仿教师教学生识字写字，具备了当一名特教老师的能力。

特殊教育的发展是一场艰苦卓绝的教学革命。“越深入研究聋哑儿童教育，越感觉到这是一块亟待开发的领域，任务十分艰巨。”陆振华介绍，20 世纪 70 年代，通用的手语词汇极少，健全儿童读小学时，掌握有声语言的词汇量可达 6 000 个，听障儿童、言语障碍儿童经过 6 年学习仅能掌握 2 000 个汉字。

为了改变这一情况，陆振华先后到上海多家聋哑学校参观学习，向专家取经，利用休息时间收集整理各地的聋哑手语，并结合自身实践，着手系统编写手语教案。

功夫不负有心人，渐渐地，陆振华案头的手语教案堆成了厚厚一摞，为了方便翻阅，陆振华按照汉语拼音字母顺序，将 10 万余字的教案汇编成册，并邀请美术老师配上手势图解。一本珍贵的《聋人手语图》就此出炉，并成为 20 世纪八九十年代苏州地区聋哑学校首本自创通用教材。

进入 21 世纪以来，陆振华撰写的一本本新书相继出版：《聋人手语 500 句》《实用手语 2000》《特殊学校语文教育 100 法》《聋童康复之路》《随班就读教学与管理》《随班就读管理与特教班建设》……这是他近半个世纪创新特教工作经验与心血的结晶，也是他坚守特教生涯，为残障群体奉献的有力证明。

三、一校一阵地普及融合教育

2021 年 8 月 31 日，“中利融合教育爱心基金”捐赠签约仪式在常熟市慈善总会举行，由江苏中利集团股份有限公司注入首笔启动基金 30 万元，定向用于常熟特殊教育事业。

如今，“融合教育”已成为常熟特殊教育的一张亮丽名片。从无到有，再到全社会广泛参与，常熟融合教育探索之路的艰辛，唯有创始人陆振华才能了解。

在多年从教过程中，陆振华发现残疾儿童在农村普通小学就读，毕业后残障康复和文化学习都未有明显长进，不得不又到聋哑学校就读一年级，白白荒废 6 年的学习时间。他认为，应该建立一个管理机构，将散落在社会上和在普通学校“随班混读”残疾学生“管”起来，切实提高教学质量。

陆振华向当地教育部门写下一份长长的报告，陈述建立特教管理机构的必要性，以及如何开展工作的建议。这份报告获得了常熟市教育局的高度重视。就这样，全国首家特教管理机构——常熟市特殊教育指导中心于 2004 年 2 月成立，由陆振华担任指导中心办公室主任。

陆振华带领团队成员，风尘仆仆地奔走于常熟各个乡镇、社区，不知疲倦地探索融合教育之路。初时，大多数人对此不理解，陆振华吃了无数的闭门羹，受到了不少冷嘲热讽，但他不气馁、不放弃，凭着真诚、奉献与担当，与各方人士沟通，和各个部门协调。

凭着这样一份执着，常熟已建立 131 个融合教育资源中心，实现 84 所普通中小学融合教育全覆盖，常熟残疾儿童入学率从 60%提高至 100%。原创的“全日制”“半日制”“走班制”三种特教班办班模式让残疾孩子有了多元安置、自主选择的空间，“医教结合”“复式教学”“生涯规划”三种教学特色更是满足了特殊孩子个性化发展需求。

2018 年，陆振华主持的课题“县域‘特教班’融合教育运行模式的构建与实施”获国家教学成果奖一等奖，被省内外专家赞誉为融合教育“常熟模式”，现辐射影响全国20多个省份2万多人次。

2019年，在脱贫攻坚中，陆振华走进常熟结对帮扶的贵州省铜仁市思南县，开展“融合教育随班就读”工作指导，为思南县从事特殊教育的100多位教师开展相关培训，并进行现场实操，大幅提升了当地融合教育水平。陆振华说：“我希望把特殊教育、融合教育推向更高的层次，让特殊教育的覆盖面更加广泛，惠及更多的残疾儿童。”

四、一声“哑父”，践行一生温情与守护

残疾儿童不仅生活自理能力差，衣食住行、吃喝拉撒都得老师操心，而且教学困难，增加了管理的难度。

“残疾学生需要特别关爱，特殊教育需要特别奉献”，陆振华不仅是学生的老师，更像是一位父亲，事无巨细地关爱着自己的孩子，关注着他们的衣食住行、冷暖安危。

从1974年走上特殊教育岗位起，陆振华整整20年住在学校。很多时候，他还与男同学同住一个宿舍，早晨与他们一起打球、锻炼，晚上陪同他们晚自修，周末与他们一起劳动，实行勤工俭学，为他们解决生活费用。

由于初期进校的听障儿童听不见或听不清话语，陆振华平时都用手语与他们交流，孩子们都亲切地叫他“哑父”。

一声声“哑父”，让陆振华激动万分，促使他更加倾心呵护，更加尽责尽力。

陆振华对学生的教学和训练，既注意方法，又十分耐心。很多时候，只是为了让学生学会做一件简单的事情，他都要花上半天工夫，反复地辅导，不厌其烦地演示，直到学生学会。陆振华说：“我最高兴的事，就是看到学生能开口说话，而且语音标准、流利。”

2013年，陆振华发现一个名叫小阳的听障儿童接受能力很强，便早早为他开起了小灶，忙里偷闲对他进行个别强化训练。就读一年级时，小阳已经能和正常人一样说话了，认识 4 000 多个词语。小学第一学期期末考试，小阳 3 门学科获得满分，三年级时参加苏州市听障儿童朗诵比赛获得特等奖。

陆振华不仅管理学生的学习和生活，而且还关心着残疾学生毕业后的就业和婚姻。他经常鼓励孩子们正视现实，认识到唯有自强自立才能赢得尊严，明白勤能补拙，同样能有人生的精彩。

在陆振华的牵线下，已有 20 多对聋人成了家；在他的帮助下，100 多名学生落实了工作。

常熟法院干警戈凤介绍：“常熟法院在处理聋人案件中，经常会请陆振华老师当翻译。他在庭审工作中，总是能一边协助调查、分析案情，一边教育聋人今后如何遵纪守法。”截至目前（2021 年 9 月），陆振华已累计协助处理了 500 多件聋人案子，其中仅 2%是常熟籍聋人。这 2%的常熟籍聋人，在陆振华的悉心教育下，全部回归正道，创造了常熟籍聋人零犯罪率的纪录。

五、一个不漏，“送教上门”踏遍城市角落

“小康路上，残疾儿童一个也不能少。”这是陆振华立下的誓言。几十年来他用行动践行着自己的初心。

20 世纪 90 年代，一个寒冷的日子，常熟市聋哑学校值班老师发现一年级的小明同学没有来吃晚饭，十分焦急。

陆振华了解到，小明家在 40 多公里外的无锡，刚来学校不适应，曾几次想要回家。于是，他当即决定与同事戈福元每人骑一辆自行车，沿着小明回家的路去寻找。

陆振华和同事晚上 8 时从学校出发，冒着细雨，靠着自行车摩擦灯的微弱灯光沿途搜寻。

当天凌晨 1 时许，陆振华敲响了小明的家门，然而孩子没有回家，焦急的他无法入眠，短暂休整后又出门了，刚走出不远，路上一个孩子拖着疲惫的身子向他们走来，陆振华激动地大声喊道：“就是他！小明，我们终于找到你了！”

在陆振华耐心的安抚下，小明消除了心中的不安，回到了学校。戈福元说：“陆老师常说，每一个孩子都有接受教育的权利，都应该有一个光明的未来，他绝不会放弃任何一个孩子。这让我们既佩服又深受感染。”

受陆振华影响，越来越多的人踏上了特殊教育岗位。

在常熟，有一支特殊的志愿团队——“小桔灯”送教服务队。每个节假日，服务队近百名教师志愿者奔走在常熟的大街小巷，为该市60多名重残儿童开展“上门送教”服务，陆振华也是其中之一。

这一教育形式始于1994年。当时，张家港市塘桥镇一个名叫小毅的聋人22岁还不会说话，由于他听力损失过大，年龄偏大，已不适合入校学习。陆振华于心不忍，了解到情况后当即决定：无偿上门送教。

从此，陆振华没有了周末和节假日，风雨无阻往返于常熟和张家港。经过3年精心辅导，小毅的口语能力得到了长足进步，实际掌握词汇2 000多个，能自如地与健全人交流。

上门送教，陆振华坚持了27年，足迹遍布常熟各个乡镇，一批大龄残疾儿童获得康复。此外，陆振华还走出课堂，在社区免费开设特殊教育辅导室，在当地电视台开设“跟我学手语”栏目，在线上成立“陆振华特殊教育咨询室”，走进常熟理工学院推广手语宣传……尽己所能用多样化的教育服务，让更多的残疾儿童得到康复指导。

六、一个人感染身边无数人，壮大助残队伍

在陆振华的家里有一个不成文的规定：有残疾孩子到家接受辅导时，任何其他事情都要先搁置一旁。

据陆振华妻子的外甥女陈丽萍回忆，有一次，陈丽萍一家在陆振华家吃午饭，正吃着饭聊着天突然有人来敲门，陆振华急忙站起身来开门，两位家长带着一个残疾儿童向他求助。“他们看着姨夫，就好像看到了希望。”陈丽萍说。

陆振华带着孩子到了书房，用特殊的方法对孩子开始测试，进行初步辅导，当天下午再也没从书房出来。陈丽萍说：“在我的记忆中，这样的场景时常发生，我们家里人都理解他支持他，并为有这样一个亲人感到骄傲。”

在陆振华的影响下，他的整个家庭不知不觉变成了一个特殊的“助残群体”。每到节假日，陆振华在外上门送教时，妻子钱彩琴就帮着接待这些找上门来的残疾人，陪他们聊天、谈心，留他们吃饭，尽自己的能力帮助他们。

邻居陶玉英是一个独居的盲人，陆振华夫妻俩把她当作自己的母亲一般，嘘寒问暖，细致入微地照顾她。陶玉英说：“20多年来，在我需要帮助时，他们夫妻总是随叫随到，知道我不方便，饭菜总有我的一份，非常感谢他们。”

在这种家庭环境的熏陶下，陆振华两个儿女也经常主动帮助他人，积极参与各类志愿活动，儿子陆建峰高中时就光荣加入中国共产党。

聋人教师毛屹青是陆振华的学生，也是常熟第一个聋人大学生，毕业后回到母校从事特殊教育。“没有陆老师，我的人生道路不会如此顺利。”毛屹青下定决心，以陆老师为榜样，立足于平凡岗位，培养更多的聋人成才。

陆振华以一人之力，潜移默化地感染着身边无数的人投入到助残队伍中来。

“自己只是坚持‘有难必帮、有残必助、有求必应’的初心，时时处处为残疾学生着想，点点滴滴为残疾学生服务。”陆振华表示，将不忘初心，砥砺前行，做实创新常熟融合教育，赋予融合教育更丰富的时代发展内涵，使每个残疾儿童都能享受更加公平而有质量的教育。

常熟特教故事（十七）：

体教康三融合助力常熟特殊教育再创佳绩[①]

2021 年 10 月，从第十一届全国残疾人运动会暨第八届特殊奥林匹克运动会乒乓球比赛上传来喜讯：常熟运动员顾毅斌获得男子团体 TT4 级金牌，谷晓丹获得女子团体 TT4 级金牌。这两位了不起的轮椅乒乓球运动员，是常熟市教育局多年来在融合教育中积极开展体教融合，康体结合支持的优秀成果，更是教育者们坚持因材施教，努力让每颗星星都散发耀眼光芒的最生动写照。体教康三融合，是指为残疾学生量身定制的、以某个体育运动项目训练为主要康复方式，补偿缺陷，挖掘潜能，激励他们努力克服障碍，自立自强，最终回归主流社会。

一、挖掘潜能，制定每一份专属规划

通过体教康三融合活动，教育者可以充分挖掘肢残儿童潜能，为他们设计私人定制式的个别化教育训练计划，让他们在自己的专属发展规划中熠熠闪光。这是孩子们幸福成长的不竭源泉，更是常熟教育人的专业追求与责任担当。

出生在董浜镇的谷晓丹，4 岁时不幸在车祸中高位截瘫，从此轮椅为伴。在董浜镇政府的帮助下，谷晓丹圆了求学梦。怎样让这位不幸的女孩也能拥有美好的未来？学校费尽心思，发现了她的兴趣和特长，请来专职教练让她接受较为系统和专业的乒乓球训练。2009 年，谷晓丹开始学打乒乓球，2012 年，她进入江苏省队。迄今为止，谷晓丹已在国内外赛事中取得多块金牌，世界排名位居第 5，还获得了苏州市“十佳残疾人自强模范”的荣誉称号。

出生在支塘镇的顾毅斌，2 岁时因一场意外损伤了中枢神经，从那以后，跑和跳成了他的奢望。入学后一次偶然的机会，顾毅斌看到一些和他一样坐在轮椅上的小朋友在打乒乓球，他也慢慢喜欢上了这项运动。就这样，

---

① 本文摘自常熟市教育局微信公众号“常熟教育”2011 年 11 月 2 日所发布内容，有删改。

学校专门为他设置了无障碍通道，配备了专业训练室、自动发球机，还聘请了专职乒乓球教练。如今，顾毅斌已从省市级比赛中脱颖而出，站上了全国级比赛的领奖台，他用自己的不懈努力成就了心中的梦想。

二、量体裁衣，服务每一位残疾儿童

体教康三融合的目的不但是选拔优秀的残疾运动员，更多是为了补偿残疾儿童的身心缺陷，帮助他们更好地融入生活。常熟市教育局充分利用江苏省残疾人游泳队落点常熟的有利时机，为脑性瘫痪儿童量体裁衣，开展补充水疗康复训练。并以特殊教育指导中心为纽带，由点及面，在全市中小学试点体教康三融合项目。

“我要站起来！”这是三位脑性瘫痪孩子的心声。小钰、小虎宝、小斌斌都是轻重程度不同的脑性瘫痪儿童，同时也是江苏省残疾人游泳队的成员。作为训练点的常熟市体育运动学校拥有品种齐全的康复器材，专业的水疗游泳教练，四季开放的泳池，全免费的训练服务，为孩子们提供了良好的训练条件，也解决了家长无法承担昂贵的康复费用的问题。经过一段时间的训练，之前连爬行都不会的脑性瘫痪孩子不仅站起来学会了走路，还能在别人的搀扶下上下楼梯了。他们在水里因为浮力的作用，缩小了与正常孩子的差异，泳池变成了孩子们昂首站立、展现自信的人生舞台！

“我要参加运动会！”这原本是走路都很困难的小孟同学想也不敢想的事，但在学校组织的运动会上，她终于圆梦了。这是常熟市特殊教育学校落实教育局康教融合理念的立体呈现，小孟正是此项目的受益者，她在专业康复训练中进步飞速。和小孟一样的脑性瘫痪孩子，不但在学校接受训练，教育局还联合常熟第二人民医院康复科，每周选派优秀康复医师开展专业康复服务。据统计，我市共有肢残学生（含脑性瘫痪）40 多人参加该项目服务，他们都拥有一份属于自己的运动康复计划，获得了多元的适性发展。即将成立的常熟市儿童学习支持中心，将集诊断、评估、康复三位于一体，让无形的康复看得见、摸得着，帮助更多的脑性瘫痪孩子健康成长。2020 年 9 月开始，常熟市教育局在全市中小学运动会中加入了融合比赛项目，作为体教康三融合从理想走向现实、从个案推向全体的一种创新尝试，不仅为特殊孩子们搭建了体育竞赛、展现风采的平台，更成了普特相融合、残健共成长的靓丽风景线。两年来，越来越多的残疾儿童走向阳光、快乐的运动场，在赛场上洒下拼搏的汗水，留下自信的身影，用他们的智慧和能力，来向世人表明——体育运动我能行！

三、爱心接力，链接每一所融合学校

体教康三融合活动的有效开展，需要行政部门的统筹协调，也需要社会各界的关心与帮助，特别是融合学校之间的无缝对接。这些孩子的康复与教育不只是学校的责任，更需要我们用全情的接纳与温柔的坚持去引领他们更好地走向生活，融入社会。

足球运动，打开友谊之窗。2020 年 12 月一个温暖的午后，常超青少年足球训练营的绿茵场上阳光绚烂，一群健全孩子迎来了特殊学校有着社交障碍的几个“星星的孩子”。这些可爱的孩子们，简单又快乐，单纯又清澈。而融合足球运动，开启了孩子们的心门，打开了友谊之窗。在 UWC（常熟世界联合学院）志愿者的鼓励帮助下，在实验小学、阳光学校孩子们的影响配合下，这些“星星的孩子”尝试了奔跑与追逐，尝试了合作与比拼，或许对于他人来说，有些微不足道，但对于这些孩子们来说，却已是足够勇敢地迈出了交往互动的第一步。足球运动帮助并促进残疾孩子健康成长，也培养了健全孩子包容差异、关爱他人的优良品质，成了孩子们生命成长中的珍贵资源。

爱心接力，打通校门和家门。每一个残疾孩子的成长，需要家校通力合作，需要各学段的无缝对接，需要爱心单位的大力帮扶。顾毅斌就读的何市小学、张青莲小学、王淦昌中学；谷晓丹就读的徐市小学、董浜中学、职教中心；小钰、小虎宝、小斌斌就读的昆承小学、报慈小学、海虞小学；

每一所学校都建立了融合教育资源中心，每一所学校都为他们量身定制了康复训练和学科教学专项服务课程，帮助他们解决生活和经济上的种种困难，用专业和爱心陪伴成长，点亮希望。作为联系纽带的常熟市特殊教育指导中心，始终如一，一直默默关注着这些孩子的成长，为个别化课程的设计，为学校之间的衔接，殚精竭虑。这份爱心，通过全市 131 个融合教育资源中心，通过常熟市“知行家”残疾人服务社，通过常熟市融合教育协会，逐步打通一扇扇校门和家门，并影响了一批批社会爱心人士来关注残疾人，帮助残疾孩子重塑信心，帮助残疾儿童家庭走出困境。

每一个孩子都是特别的，就像那独一无二的星星，有着自己最为闪耀的地方。我们通过体教康三融合活动，接纳差异，发现优点，找到方法，给予他们专业的支持与服务。这份执着与坚守，包容与大爱，一定会让这些残疾孩子汲取阳光的力量，拥有斑斓而美好的童年，散发耀眼而美丽的光芒！

常熟特教故事（十八）：

自强不息，残而有为

——记“新时代江苏好少年”杨雨梦[①]

杨雨梦，来自常熟市特殊教育学校，先天双耳失聪，听不到任何声音，但她依旧勇敢执着地追逐着自己的梦想。她热爱生活，好学刻苦；尊重师长，孝敬父母。在老师眼里，她是个勤学刻苦、有礼貌的好学生；在同学眼里，她是个乐于助人、好学上进的好伙伴；在父母眼里，她是个懂得感恩、尊老爱幼的好孩子。

一、沐浴阳光的温暖，自强不息

杨雨梦时常说：“是老师教给我知识，教会我做人。”刚入校时，康复老师每天给她做康复训练，老师专注地工作，竟连喝水的工夫也没有，小小的孩子看在眼里记在心上。一下课她就飞快地跑到办公室，拿起茶杯端

---

① 本文摘自《常熟特殊教育》2021 年第 3 期，有删改。

给老师。简单的动作、淡淡的微笑以及课后拼命练习发音，是孩子对老师最真诚的回报。持续几年艰辛的康复训练，从戴上助听器学习聆听声音开始，一次次舌操练习，一次次发音训练，一个个手语学习，杨雨梦都咬牙坚持着。渐渐地，她会看口型了，会简单发音了，也会简单表达了……在杨雨梦心里，老师就是阳光，指引她走向最温暖和光明的地方。

杨雨梦慢慢成长为同学们学习的榜样，她不但自己努力，还向更需要的人伸出了友谊之手。在学校组织的大手牵小手活动中，杨雨梦坚持每天午间协助老师帮助培智班的一位孤独症孩子。在孩子大哭时，她会在身边安慰她，给她擦掉眼泪，带她去操场走一走；孩子开心时，她会拿起绘本和她一起看故事；她还教她学习简单的舞蹈动作。三年的帮助，让这个孤独症孩子有了很大的进步。看着杨雨梦忙碌的身影，大家都为她点赞，这样自觉又懂得感恩的孩子值得每一个人的喜欢和尊重。

二、汲取阳光的力量，残而有为

杨雨梦得到了那么多的关心与疼爱，又怎能放慢向前的脚步？她刻苦努力，成绩优秀，年年被评为“三好学生”，在常熟市级以上的美术、画信和书信比赛中也屡获佳绩。杨雨梦喜欢跳舞，虽然因为自身残疾她无法跟随音乐翩翩起舞，但是她没有轻言放弃。听不见声音怎么办？她通过老师敲击小鼓的震动来记住音乐节奏。为了让舞蹈动作和音乐节拍能够同步，杨雨梦放弃了很多休息的时间，不论天气好坏，身体状况如何，她都拼尽全力学习，直到熟练为止。她常常在舞蹈房一跳就是一个下午，却从未说累。当音乐响起，舞台上的杨雨梦总是那般飘逸，那般灵动，让大家都忘记了她的缺陷，仿佛她天生就是为舞蹈而生，同学们给她起了一个好听的名字——“蝴蝶姑娘”。日复一日的努力换来了累累硕果，她代表学校参加各类舞蹈演出和比赛：常熟市小学生文艺汇演、苏州市残疾人文艺汇演、社区活动、公益演出、学校艺术节活动……《寻声》《少年当自强》《机器人和小美美》《小苹果》等舞蹈都是杨雨梦的代表作。

自强不息，残而有为，杨雨梦的成长道路是一条满是荆棘却又励志的道路。她先后获得“全国优秀少先队员”“江苏省优秀少先队员”“苏州市百名美德少年”“常熟市十大美德少年标兵”等荣誉称号。沐浴着阳光的温暖，汲取着阳光的力量，美丽的“蝴蝶姑娘”奋力舞动着金色的翅膀，展现出新时代好少年蓬勃向上的精神风貌！

从以上四个故事中，我们可以看到，常熟市在推进融合教育发展的进程中，始终坚持“政府主导，各方参与”的工作原则，在工作推进的过程中，始终重视专家的专业引领作用，这是常熟市融合教育实现高质量发展的重要保障。与此同时，常熟市慈善总会、市红十字会等也纷纷伸出援助之手，为残疾儿童融合教育提供支持保障。社会各界对残疾儿童的态度由排斥到关爱，由被动到主动，全情接纳正在成为每个人的共识。

常熟市县域“特教班”融合教育运行模式的成功构建，引起了省内外特教界的强烈反响和高度赞扬，被特教同行誉为“常熟模式”。常熟市融合教育实践成果“构建城乡一体化特殊教育发展模式的研究”在全国随班就读支持保障体系建设研讨会上被热烈讨论；江苏省随班就读师资培训班在常熟召开；苏州市特殊教育现场会还进行了常熟特教班建设的介绍和推广。十多年来，国际儿童救助会、教育部领导以及广西、浙江、云南、四川等近 100 家单位的领导、教师来常考察学习。《中国残疾人》杂志以“发展农村特殊教育的模式探索”为题介绍了常熟特教班的发展成果，《现代特殊教育》杂志多次就常熟特教班建设做了专题报道，并在 2011 年第 5 期集中刊登了有关常熟特殊教育发展的 5 篇文章。特殊教育界泰斗程益基老先生高度评价：常熟特教贵在坚持，首创了特殊教育指导中心，十多年的特教班建设从不间断，县域融合教育经验值得总结、推广。

结 语

2004 年，常熟市成立了全国首家市级特殊教育指导中心。此后的十多年时间里，常熟市以“保障残疾人受教育权利”为基本出发点，逐步探索出了一种以特殊教育指导中心为纽带、以特殊教育学校为龙头、众多特教班和随班就读同步运行的新型融合教育运行模式。常熟市特殊教育指导中心也逐渐进化成为一个具有综合功能并承担行政管理、师资培训、业务指导、技术支持等职能的“中心节点”，并可以随时灵活、有效地“发动”常熟市融合教育支持保障体系的运行，在教学管理、课程设置、教育质量监控、拓展服务等方面为全市融合教育发展“保驾护航”。

融合教育常熟模式的运行，使得常熟市在全省率先实现了涵盖学前教育、九年义务教育、职业高中教育的 15 年特殊教育，并分别在 2010 年、2012 年实现了乡镇小学和初中特教班全覆盖，2017 年，常熟市首次实现义务教育阶段残疾儿童入学率 100%。2012 年，常熟市启动资源教室建设，2017 年底全市义务教育中小学校资源教室已实现全覆盖。此后，常熟市进一步优化特殊教育资源配置，将原有的资源教室“提档升级”成资源中心。目前，常熟市 14 个乡镇（街道）先后建立了 131 个融合教育资源中心，覆盖基础教育所有学段，并持续促成融合教育向学前教育和职业教育两头延伸，使残疾儿童少年在家门口就能接受合适的教育。

近年来，常熟市依托特殊教育指导中心和特殊教育学校，不断探索特殊教育工作规范流程。

2020 年，常熟市出台了特殊教育五项制度：《常熟市残疾人教育专家委员会工作制度》《常熟市特殊教育服务清单制度》《常熟市特殊教育设施配备制度》《常熟市特殊教育需要学生个别化教育制度》《常熟市特殊教育需要学生评估与安置工作制度》,从制度层面充分保障特殊教育工作的规范运行。

与此同时，常熟市以特殊教育学校 151 位残疾学生为例，根据“规范评估安置残疾学生—签订特殊教育服务清单—制订审议课程实施方案—实施个别化教育与评价”等流程，探索形成个别化教育计划样本，实行“一生一案”。然后选择 12 所小学（幼儿园）成立“IEP 先行者”工作群，逐步试点推进。在举行“常熟市教育评估工作会议”的基础上，2020 年 9 月召开个别化教育计划交流活动，全面推行个别化教育计划。

2018 年出台的《常熟市特殊教育服务清单》从安置方式、专业师资、专有场所、专业设备、专项经费、个别化教育服务、家校合作 7 个方面明确了特殊教育服务内容，该清单在两年时间内经过两次修订，逐步完善。为落实服务清单，常熟市教育局每年暑假组织特殊教育档案检查，每年 12 月份组织特殊教育专项督导。

为了充分保障融合教育教学的质量，常熟市先后成立融合教育巡回督查小组和巡回指导小组，修订《常熟市融合教育巡回支教工作方案》。其中，巡回督查小组由常熟市教育局、市教育局教研室、市人民政府教育督导室等单位的相关工作人员组成，巡回指导小组由常熟市特殊教育指导中心、特殊教育学校骨干教师组成。巡回督查小组和巡回指导小组每年走访 200 多所学校（幼儿园），年度累计出访 1 000 多人次。

常熟市正在积极探索启动学前教育“康教结合”项目，帮助残疾儿童补偿缺陷与潜能开发。以董浜幼儿园为试点，实现资源中心常态化运行，采用“重点推进，散点铺开”的运行模式；以特教学校为试点，实现康教中心标杆化运行。

在探索特殊教育工作流程规范化的同时，常熟市特殊教育指导中心也在不断加强对普通学校融合教育资源中心的教学管理与指导，通过跟进专业支持，提升质量水平。

一是课题引领。2017 年，常熟市特殊教育指导中心启动江苏省“十三五”重点课题“区域性特殊教育学有优教保障体系构建的实践探索”(已于 2020 年 6 月顺利结题)。该课题从管理保障、课程保障、质量监控保障和服务保障四个方面做了大量研究，下设的 23 个子课题大部分来自常熟市各校融合教育资源中心。

二是专业指导。2019 年，由常熟市教育局教学研究室牵头，以常熟市特殊教育指导中心成员为主体组建了常熟市融合教育教学研究中心组及学前融合教育研究中心，成立了视力障碍、听力障碍、智力障碍、脑性瘫痪、孤独症五类融合教育教学研讨小组，并定期召开工作例会和研讨活动，建有融合教育资源中心的学校领导、班主任、资源教师、任课教师、家长共同参与，常态化研讨融合教育教学工作。同时，常熟市特殊教育指导中心还积极促进普通学校开展医教结合，建立跨学科志愿者队五，配合特殊教育专家委员会，共同提高普通学校特殊教育需要学生评估鉴定、入学安置、教育教学、康复训练的有效性。

三是课程调整。常熟市特殊教育指导中心结合普校和特校课程标准，组合选用国家和省审定的普通教材（方案）或特教教材，指导各融合教育资源中心在此基础上进行适宜性改造。国家课程：通过评估选择适合的教材，减少学习内容，降低学习难度，以过程性评价替代结果性评价；兴趣课程：增加教学时间，增补学习内容，提升学习自信，彰显成果；康复课程：以一对一的言语、感统训练等为主，强调家长的配合与支持。

四是家校融合。为进一步增强家校协同，形成教育、康复合力，常熟市特殊教育指导中心于 2019 年成立了“常熟市特殊儿童家长学校”，编写融合教材，定期组织特殊学校及全市普通学校特殊教育需要学生家长培训，提升家长的教育康复理念和技能。其中，《特殊儿童家校融合课程开发与实践》这本教材获2020年苏州市教育教学成果奖（基础教育实践类）二等奖。

最后，常熟市继续坚持“政府主导，多方参与”的原则，多方统筹资源，营造融合氛围。

一是树立标杆，发挥榜样的力量。陆振华校长退而不休，仍每天奔走在融合教育的征程中。他是江苏最美教师、江苏省道德模范、中国好人，受到习近平等党和国家领导人的接见。常熟市教育局充分发挥榜样的力量，不断开展融合教育宣传。

二是多方统筹，吸引社会的力量。2020年5月，在常熟市教育局的力促之下，常熟市融合教育协会正式成立，协会在章程中规定了自身所肩负的五大使命：① 宣传、贯彻《残疾人保障法》，维护残疾人合法权益，配合上级部门开展助残服务及新时代文明实践活动；② 协助、指导全市各融合教育资源中心开展工作；③ 组织或资助与科研单位或专业机构合作开展各类残疾儿童的教育、康复专项研究；④ 组织或资助残疾学生毕业后面向就业的社会融合和培训实践；⑤ 组织或资助特殊需要学生开展“手拉手”社会融合主题活动。同时，常熟市教育局还积极与常熟理工学院结成融合教育联盟，利用高校师资优势助推常熟融合教育内涵发展。在2017年启动练塘融合教育烹饪班取得良好成效的基础上，2021年5月，常熟市成立了“常熟市知行家残疾人服务社”——这是由特殊教育指导中心和特殊教育学校发起，在市财政局、住建局、市监局等部门关心支持下，会同市融合教育协会社会爱心人士成立，在市民政局注册并接受市残联监督的非营利性民办非企业公益组织。2021年10月，常熟市古里中学波司登缝纫技术培训点正式招生，开创了依托社会力量进行职业融合教育的实践，打通残疾人从学校到社会的最后一公里问题，构建残疾学生社会融合、职前训练实践平台。

三是探索体教康三融合项目。通过乒乓运动、康复训练，挖掘潜能，补偿缺陷，培养出谷晓丹、顾毅斌等多名国家级残障运动员。利用江苏省残疾人游泳队落点常熟的有利时机，开展脑瘫儿童补充水疗康复训练，取得良好成效。2020 年 9 月开始，常熟市教育局在全市中小学运动会中加入了融合比赛项目，作为体教康三融合从理想走向现实、从个案推向全体的一种创新尝试，不仅为残疾孩子搭建了体育竞赛、展现风采的平台，更成了普特相融合、残健共成长的靓丽风景线。

未来，常熟市将继续推进融合教育内涵建设，努力从“学有所教”走向“学有优教”。

参考文献

[1] 陆振华. 随班就读管理与特教班建设[M]. 南京：南京大学出版社，2014.
[2] 约翰·杜威. 我们怎样思维 经验与教育[M]. 姜文闵，译. 北京：人民教育出版社，1991.
[3] 陆振华. 特教园地耕耘录[M]. 长春：吉林人民出版社，2003.
[4] 托比·卡腾，等. 融合教学实践[M]. 杨希洁，译. 上海：华东师范大学出版社，2016.
[5] 朴永馨. 特殊教育辞典[M]. 北京：华夏出版社，2006.
[6] 柯克，加拉赫. 特殊儿童的心理与教育[M]. 汤盛钦，银春铭，译. 天津：天津教育出版社，1989.
[7] POON-MCBRAYER K F，LIAN M J. Special needs education: children with exceptionalities[M]. Hong Kong: The Chinese University of Hong Kong Press, 2002.
[8] 刘全礼. 特殊教育导论[M]. 北京：教育科学出版社，2003.
[9] 昝飞. 融合教育：理想与实践[M]. 上海：华东师范大学出版社，2016.
[10] 邓猛. 融合教育理论指南[M]. 北京：北京大学出版社，2017.
[11] 柳树森. 全纳教育导论[M]. 武汉：华中师范大学出版社，2007.
[12] 张福娟. 特殊教育史[M]. 上海：华东师范大学出版社，2000.
[13] 袁贵仁. 中国教育[M]. 北京：北京师范大学出版社，2013.
[14] 朴永馨. 特殊教育学[M]. 福州：福建教育出版社，2014.
[15] 约翰·I. 古得莱得. 一个称作学校的地方[M]. 苏智欣，胡玲，陈建华，译. 上海：华东师范大学出版社，2007.

[16] 高鉴国. 社区工作[M]. 济南：山东人民出版社，2013.
[17] 钮文英. 拥抱个别差异的新典范——融合教育[M]. 台北：心理出版社，2008.
[18] 何帆. 变量：本土时代的生存策略[M]. 郑州：大象出版社，2021.
[19] 杨柳. 从隔离到全纳——美国残疾人教育研究[D]. 重庆：西南大学，2009.
[20] 李拉. 国际融合教育的发展脉络及阶段特征[J]. 现代特殊教育，2021（4）.
[21] 郭卫东. 华洋转型中的样板——民国年间江苏特殊教育研究[M]//张宪文. 民国研究（2014 年春季号）. 北京：社会科学文献出版社，2014.
[22] 全国残疾儿童少年随班就读工作会议纪要[J]. 现代特殊教育，1994（6）.
[23] 赵小红. 近 25 年中国残疾儿童教育安置形式变迁——兼论随班就读政策的发展[J]. 中国特殊教育，2013（3）.
[24] 冯元，俞海宝. 我国特殊教育政策变迁的历史演进与路径依赖——基于历史制度主义分析范式[J]. 教育学报，2017（3）.
[25] 邓猛，潘建芳. 关于全纳教育思想的几点理论回顾及其对我们的启示[J]. 中国特殊教育，2003（4）.
[26] 邓猛，朱志勇. 随班就读与融合教育：中西方特殊教育模式的比较[J]. 华中师范大学学报，2007（4）.
[27] 丁勇. 坚持人民至上 公平优先 育人为本 制度保障——中国共产党重视发展特殊教育的伟大实践和成功经验[J]. 现代特殊教育，2021（7）.
[28] 朴永馨. 努力发展有中国特色的特殊教育学科[J]. 特殊教育研究，1998（1）.
[29] 张烁. 全国特殊教育工作电视电话会议召开[N]. 人民日报，2014-01-28（4）.